Kurzgeschichten auf Niederländisch
Niederländisch und Deutsch Nebeneinander

Vorwort 📖

Geschichten sind Brücken zwischen Kulturen, Zeiten und Herzen. In diesem Buch 📚 nehmen wir Sie mit auf eine Reise durch Geschichten, die die Magie der deutschen 🇩🇪 und niederländischen 🇳🇱 Sprachen zeigen.

Entdecken Sie, Seite an Seite, den deutschen Text links und den niederländischen Text rechts. Erkunden Sie die Schönheit und Nuancen beider Sprachen und tauchen Sie tief in die Welt des Erzählens ein.

Lassen Sie sich in ferne Länder entführen, treffen Sie faszinierende Charaktere und lernen Sie zeitlose Lektionen. Wir hoffen, dass diese Geschichten nicht nur unterhalten, sondern auch Ihre Liebe und Wertschätzung für beide Kulturen und Sprachen vertiefen.

Lassen Sie sich verzaubern ✨ und spüren Sie die Kraft der Geschichten, die uns über Sprachgrenzen hinweg verbinden.

Viel Spaß beim Lesen! 📚❤️

Wie sagt man die niederländischen Buchstaben?

ij/ei: Klingt wie "ei" im Deutschen, z.B. "Ei".
Beispiel: "fijn" (fein)

oe: Klingt wie "u" im Deutschen, z.B. "Mutter".
Beispiel: "schoen" (Schuh)

ui: Ein spezifischer Laut, der im Deutschen nicht exakt vorkommt, aber ähnlich dem "üi" in "zweifelüig". Beispiel: "fruit" (Obst)

eu: Etwas zwischen "ö" und "ü", z.B. "Möbel".
Beispiel: "neus" (Nase)

j: Klingt wie "j" im Deutschen, z.B. "ja".
Beispiel: "ja" (ja)

g/ch: Ein reibender Kehllaut, etwas tiefer als das deutsche "ch", ähnlich dem "ch" in "Bach". Beispiel: "lachen" (lachen)

aa: Langer "a"-Laut, ähnlich dem "a" in "Vater".
Beispiel: "maar" (aber)

ee: Langer "e"-Laut, ähnlich dem "ee" in "see".
Beispiel: "heet" (heiß)

oo: Langer "o"-Laut, ähnlich dem "o" in "Sohle".
Beispiel: "boom" (Baum)

uu: Ein langer "u"-Laut, ähnlich dem "uh" in "ruhen".
Beispiel: "duur" (teuer)

Inhaltsverzeichnis

- 6. Ein neuer Freund
- 8. Ein neues Abenteuer
- 10. Ein neues Zuhause
- 12. Ein Haus aus Süßigkeiten
- 14. Wie die Schildkröte ihre seltsame Schale bekam
- 16. Der Bauer und das Pferd
- 18. Der alte Mann und die grüne Flasche
- 20. Der Esel und der Hund
- 22. Der kluge Hase
- 24. Die Familie der Amseln
- 26. Der kleine Gärtner
- 28. Kleine Vogel und Rabe
- 30. Acht magische Bäume
- 32. Schwere Zeiten
- 34. John und das kleine Eichhörnchen
- 36. Die Geschichte des Mädchens mit den langen Haaren
- 38. Schmerzhafte Erfahrungen
- 40. Tom von den Schweinen
- 42. Die Meerjungfrau
- 44. Die Frau, die drei Männer will
- 46. Das träumende Mädchen
- 48. Die beiden Brüder und der magische Vogel
- 50. Die Geschichte der Riesigen Bäume
- 52. Der Bär und der Hase
- 54. Die Verletzte Löwin
- 56. Zwei Brüder und das magische Samenkorn
- 58. Wind und Sonne
- 60. Die Schildkröte und das Kaninchen

62. Die drei kleinen Schweinchen
64. Die Drei Fische
66. Drei bunte Freunde
68. Die kluge Füchsin und ihre Tricks
70. Der magische Vogel
72. Das kleine Mädchen und die Maus
74. Geheimnis des Bauernhofs
76. Der Magische Spiegel
78. Die Frau und das Biest
80. Ehrlichkeit zählt
82. Die Dämmerung des Drachen
84. Eine Unendliche Freundschaft
86. Die drei Bären
88. Eine nette Freundschaft
90. Zuhause
92. Das Schwert
94. Die Geschichte eines weisen alten Mannes
96. Später!
98. Ein Vertrag mit dem Teufel
100. Eine Schöne Blüte
102. Das Ende der Welt
104. Eine Lange Schlaf
106. Gemeinsam wachsen
108. Schuhe aus Glas
110. Ameise und Elefant
112. Ein neuer Anfang
114. Die Neugierige Leserin
116. Zwei unterschiedliche Brüder
118. Die weise alte Dame
120. Geschichte des Honigtropfens
122. Der Wolf und die Reiherin
124. Das verzauberte Gans

Ein neuer Freund

Yasins Familie ist aus dem Irak nach England gezogen, um Sicherheit und Akzeptanz zu finden. In London hat Yasin seinen Nachbarn Andrew kennengelernt und sie wurden gute Freunde.

Yasins Englisch verbesserte sich, aber er war nervös wegen der Schule. Am ersten Tag begleitete Andrew ihn und gab ihm Mut. In der Schule wurde Yasin ein wenig gehänselt, aber Andrew verteidigte ihn und betonte die Wichtigkeit von Unterschieden.

Die Kinder begannen Yasin zu akzeptieren und ihn in Aktivitäten einzubeziehen. Yasins Selbstvertrauen wuchs und seine Freundschaft mit Andrew blühte auf. Sie lernten voneinander und ihre Bindung verkörperte den Wert von vielfältigen Freundschaften.

Dankbar für sein neues Leben und die Freundschaft mit Andrew schätzte Yasin die Möglichkeiten und persönliches Wachstum, die er in England erfahren hatte.

Een Nieuwe Vriend

Yasin's familie verhuisde van Irak naar Engeland voor veiligheid en acceptatie. In Londen raakte Yasin bevriend met zijn buurman, Andrew, en ze werden erg goede vrienden.

Yasin's Engels verbeterde, maar hij was zenuwachtig over school. Andrew liep met hem mee op de eerste dag en bood geruststelling. Op school kreeg Yasin te maken met wat plagerijen, maar Andrew verdedigde hem en benadrukte het belang van verschillen.

De kinderen begonnen Yasin te accepteren en hem bij activiteiten te betrekken. Yasin's zelfvertrouwen groeide, en zijn vriendschap met Andrew bloeide op. Ze leerden van elkaars achtergrond, en hun band toonde de waarde van diverse vriendschappen.

Dankbaar voor zijn nieuwe leven en vriendschap met Andrew, waardeerde Yasin de kansen en persoonlijke groei die hij in Engeland ervoer.

Ein neues Abenteuer

Sam saß am Flughafen und wartete auf seinen Koffer. Er war müde und fror, und er vermisste das warme Wetter seiner Heimat in Indien. Seine Familie war nach Paris gezogen, weil sein Vater dort einen Job bekommen hatte. Sam fühlte sich traurig, seine Freunde zurücklassen zu müssen.

Am Flughafen starrte ein Junge auf Sams Turban, was ihn unbehaglich machte. Schnell schnappte er sich einen Koffer, der wie seiner aussah, und ging weg. Als sie zu ihrem neuen Zuhause fuhren, bemerkte Sam, wie anders Paris im Vergleich zu seiner Heimat war. Sein Vater ermutigte ihn, sich auf die neuen Erfahrungen zu freuen.

An seinem ersten Schultag fühlte sich Sam nervös, weil er kein Französisch verstand und niemand einen Turban trug. Sein Vater beruhigte ihn und sie gingen hinein. Sam sah den Jungen vom Flughafen weinend im Flur stehen. Der Junge, Pierre, erklärte, dass er seinen Koffer verloren hatte, der voller Souvenirs von seiner Reise nach Indien war.

Sam erkannte, dass er versehentlich Pierres Koffer genommen hatte. Die Jungen wurden Freunde, und Pierre half Sam, sich an seiner neuen Schule zurechtzufinden. Sam lernte über den Eiffelturm und hielt sogar eine Präsentation über Indien mit Pierre.

Am Ende entdeckte Sam, dass Mut, Verständnis und ein offener Geist ihm geholfen hatten, sich an sein neues Leben in Paris anzupassen.

Een Nieuw Avontuur

Sam zat op de luchthaven, wachtend op zijn koffer. Hij was moe en koud, en miste het warme weer van zijn geboorteplaats in India. Zijn familie verhuisde naar Parijs omdat zijn vader daar een baan had gekregen. Sam was verdrietig omdat hij zijn vrienden moest achterlaten.

Op de luchthaven staarde een jongen naar Sam's tulband, waardoor hij zich ongemakkelijk voelde. Hij pakte snel een koffer die op die van hem leek en vertrok. Terwijl ze naar hun nieuwe huis reden, merkte Sam hoe anders Parijs was dan zijn geboorteplaats. Zijn vader moedigde hem aan om enthousiast te zijn over de nieuwe ervaringen die in het verschiet lagen.

Op zijn eerste schooldag voelde Sam zich zenuwachtig omdat hij geen Frans begreep en niemand een tulband droeg. Zijn vader stelde hem gerust en ze gingen naar binnen. Sam zag dezelfde jongen van de luchthaven huilend in de gang staan. De jongen, Pierre, legde uit dat hij zijn koffer vol souvenirs van zijn reis naar India kwijt was.

Sam besefte dat hij per ongeluk Pierre's koffer had meegenomen. De jongens werden vrienden en Pierre hielp Sam zich aan te passen aan zijn nieuwe school. Sam leerde over de Eiffeltoren en gaf zelfs samen met Pierre een presentatie over India.

Uiteindelijk ontdekte Sam dat moed, begrip en een open geest hem hielpen zich aan te passen aan zijn nieuwe leven in Parijs.

Ein neues Zuhause

Tim, der junge Bengal-Tiger, fror im Winter und vermisste die Wärme seines indischen Zuhauses. Er versuchte, sich an sein altes Zuhause zu erinnern, aber es fiel ihm schwer, was ihn noch trauriger machte.

Eines Tages bemerkte Lila, die Pantherin, Tim, als er versuchte, sich an sein altes Leben zu erinnern. Lila fragte Tim, was er tat, und er erklärte, dass er versuchte, sich daran zu erinnern, ein Bengal-Tiger zu sein.

Lila schlug vor, dass Tim sein Spiegelbild im Eis betrachtet. Sie sagte, dass ihre Flecken sie an ihre afrikanischen Wurzeln erinnerten. Tim bemerkte, dass Lila's Augen aufhellten, als sie sich an ihr Zuhause erinnerte. Lila sagte Tim, dass obwohl sie aus verschiedenen Orten stammten, sie Gemeinsamkeiten wie ihre Schnurrhaare und scharfen Krallen hatten.

Tim fragte sich, ob auch andere Tiere, wie Elefanten und Zebras, ihr Zuhause vermissten. Lila versicherte ihm, dass jedes Tier im Zoo manchmal Heimweh hatte, aber dass alle einzigartige Merkmale hatten, die sie an ihre Herkunft erinnerten.

Tim begann sich besser zu fühlen, als ihm bewusst wurde, dass er immer seine Streifen haben würde, die ihn an sein Bengal-Zuhause erinnern würden. Als die Nacht hereinbrach, verstand Tim, dass alle Tiere zwar unterschiedlich waren, aber ähnliche Gefühle teilten und er wusste, dass er niemals allein sein würde.

Een Nieuw Thuis

Tim, de jonge Bengaalse tijger, had het koud in de winter en miste de warmte van zijn Indiase thuis. Hij probeerde zich zijn oude huis te herinneren, maar dat ging moeilijk, wat hem verdrietiger maakte.

Op een dag, toen Tim probeerde zich zijn oude leven te herinneren, merkte Lila de panter hem op. Lila vroeg Tim wat hij aan het doen was, en hij legde uit dat hij probeerde zich te herinneren dat hij een Bengaalse tijger was.

Lila stelde voor dat Tim zijn spiegelbeeld in het ijs zou bekijken. Ze zei dat haar vlekken haar aan haar Afrikaanse afkomst deden denken. Tim zag Lila's ogen oplichten toen ze zich haar thuis herinnerde. Lila vertelde Tim dat, hoewel ze uit verschillende plaatsen kwamen, ze overeenkomsten hadden, zoals hun snorharen en scherpe klauwen.

Tim vroeg zich af of andere dieren, zoals olifanten en zebra's, hun thuis ook misten. Lila verzekerde hem dat elk dier in de dierentuin soms heimwee had, maar dat ze allemaal unieke kenmerken hadden die hen aan hun oorsprong herinnerden.

Tim begon zich beter te voelen, zich realiserend dat hij altijd zijn strepen zou hebben om hem aan zijn Bengaalse thuis te herinneren. Toen de nacht viel, begreep Tim dat alle dieren verschillend waren maar vergelijkbare gevoelens deelden, en hij wist dat hij nooit alleen zou zijn.

Ein Haus aus Süßigkeiten

Einmal lebte ein armer Mann mit seinen beiden Kindern Tom und Sally in einer kleinen Stadt. Sie hatten sehr wenig zu essen. Seine Frau sagte ihm, er solle die Kinder im Wald lassen, damit sie mehr zu essen hätten.

Tom hörte es und sammelte glänzende Steine. Als sie im Wald zurückgelassen wurden, ließ Tom die Steine fallen, um ihren Weg zurückzufinden. Als sie zurückkamen, war die Frau wütend. Sie zwang den Mann, die Kinder wieder in den Wald zu bringen.

Dieses Mal ließ Tom Brotkrumen fallen. Leider fraßen Vögel die Krümel und die Kinder verirrten sich. Sie fanden ein Haus aus Süßigkeiten und begannen es zu essen. Eine alte Frau lud sie ein, aber sie war eine Hexe, die die Kinder essen wollte.

Die Hexe fütterte die Kinder mit viel Essen, um sie zu mästen. Tom täuschte sie, indem er ihr einen Hühnerknochen gab, damit sie dachte, es sei sein Finger. Die Hexe wurde ungeduldig und versuchte, Tom zu kochen. Sally stieß die Hexe in den Ofen und verriegelte ihn.

Sally fand Gold im Haus und befreite Tom. Sie füllten ihre Taschen mit Gold und gingen nach Hause. Sie fanden ihren Vater und die Stiefmutter war verschwunden. Tom und Sally waren nie wieder arm oder hungrig.

Een huis van snoep

Er was eens een arme man die in een klein stadje woonde met zijn twee kinderen, Tom en Sally. Ze hadden maar heel weinig te eten. Zijn vrouw zei dat hij de kinderen in het bos moest achterlaten, zodat ze meer te eten zouden hebben.

Tom hoorde dit en verzamelde glanzende steentjes. Toen ze in het bos werden achtergelaten, liet Tom de steentjes vallen om hun weg terug te vinden. Toen ze terugkwamen, was de vrouw woedend. Ze dwong de man om de kinderen weer mee te nemen naar het bos.

Dit keer liet Tom broodkruimels vallen. Helaas aten vogels de kruimels op, en de kinderen raakten verdwaald. Ze vonden een huis gemaakt van snoep en begonnen ervan te eten. Een oude vrouw nodigde hen uit om binnen te komen, maar zij was een heks die de kinderen wilde opeten.

De heks gaf de kinderen veel eten om ze dikker te maken. Tom misleidde haar door haar een kippenbotje te geven om te voelen in plaats van zijn vinger. De heks werd het wachten beu en probeerde Tom te koken. Sally duwde de heks de oven in en deed hem op slot.

Sally vond goud in het huis en bevrijdde Tom. Ze vulden hun zakken met goud en gingen naar huis. Ze vonden hun vader, en de stiefmoeder was verdwenen. Tom en Sally waren nooit meer arm of hongerig.

Wie die Schildkröte ihre seltsame Schale bekam

In einem von Hunger geplagten Land gab es einmal eine listige Schildkröte namens Tim und einen gesunden Hasen namens Rob. Tim war neugierig, wie Rob so gesund aussah, also gab er vor traurig zu sein und gewann Robs Mitgefühl. Rob stimmte zu, Tim zu helfen, und bat ihn, sich nach Einbruch der Dunkelheit an einem Bach zu treffen.

Nachts gingen sie zu einer Lichtung im Wald, wo Rob ein Lied sang und ein Seil vom Himmel herunterkam. Sie kletterten das Seil hoch und fanden eine Wolke mit einer Tür. Hinter der Tür war Robs Mutter, die einen Tisch voller köstlicher Speisen hatte. Tim aß, bis er sehr voll war, und sie kehrten nach Hause zurück.

Am nächsten Tag war Tim wieder hungrig und beschloss, Robs Mutter zu besuchen, ohne dass Rob es wusste. Er sang das gleiche Lied und begann das Seil hochzuklettern. Rob sah ihn und bat seine Mutter, das Seil abzuschneiden. Als sie es schnitt, fiel Tim auf einen Felsen und seine Schale zerbrach in viele Teile, die nie wieder glatt werden würden.

Hoe de schildpad zijn rare schild kreeg

Er was eens, in een land getroffen door hongersnood, een sluwe schildpad genaamd Tim en een gezonde haas genaamd Rob. Tim was nieuwsgierig hoe Rob er zo gezond uitzag, dus deed hij alsof hij verdrietig was en kreeg zo Rob's sympathie. Rob stemde ermee in om Tim te helpen en vroeg hem om na zonsondergang bij een beekje te ontmoeten.

's Nachts gingen ze naar een open plek in het bos, waar Rob een lied zong en er een touw uit de lucht kwam. Ze klommen het touw op en vonden een wolk met een deur. Achter de deur was Rob's moeder, die een tafel vol heerlijk eten had. Tim at totdat hij helemaal vol zat, en ze gingen weer naar huis.

De volgende dag had Tim weer honger en besloot hij zonder dat Rob het wist Rob's moeder te bezoeken. Hij zong hetzelfde lied en begon het touw op te klimmen. Rob zag hem en vertelde zijn moeder het touw door te snijden. Terwijl ze het touw doorsneed, viel Tim op een rots, waardoor zijn schild in vele stukken barstte, en het zou nooit meer glad worden.

Der Bauer und das Pferd

Es war einmal ein glücklicher Bauer namens Ben. Er arbeitete mit seinem einzigen Pferd Gilly von früh bis spät. Sie hatten genug zu essen und verkauften Gemüse auf dem Markt der Stadt.

Eines Jahres gab es keinen Regen, und die Ernte wollte nicht wachsen. Ben hatte kein Geld, um Essen zu kaufen, also verkaufte er alles in seinem Haus für Nahrung. Er wartete darauf, dass es wieder anfängt zu regnen, um wieder zu säen.

Monate vergingen ohne Regen, und Ben und Gilly waren sehr hungrig. Schließlich dachte Ben, dass er Gilly essen müsste. Als er Gillys traurige Augen sah, fühlte er sich schuldig und entschuldigte sich. Gilly verzieh ihm.

Plötzlich begann es zu regnen, und die Ernte wuchs wieder. Ben und Gilly arbeiteten hart, ernteten mehr als je zuvor und verkauften sie in der Stadt. Sie hatten genug Geld, um Essen zu kaufen, und waren nicht mehr hungrig. Ben versprach, niemals wieder Pferdefleisch zu essen, denn Gilly war sein Freund.

De boer en het paard

Er was eens een gelukkige boer genaamd Ben. Hij werkte van 's ochtends vroeg tot 's avonds laat samen met zijn enige paard, Gilly. Ze hadden genoeg te eten en verkochten groenten op de markt in het dorp.

Op een jaar was er geen regen en groeiden de gewassen niet. Ben had geen geld om eten te kopen, dus verkocht hij alles in zijn huis voor voedsel. Hij wachtte op regen om weer te kunnen boeren.

Maanden gingen voorbij zonder regen, en Ben en Gilly hadden erg honger. Uiteindelijk dacht Ben dat hij Gilly misschien moest opeten. Maar toen hij de droevige ogen van Gilly zag, voelde hij zich schuldig en verontschuldigde zich. Gilly vergaf hem.

Plotseling regende het en groeiden de gewassen weer. Ben en Gilly werkten hard, oogsten meer gewassen dan ooit en verkochten ze in het dorp. Ze hadden genoeg geld om eten te kopen en hadden geen honger meer. Ben beloofde nooit meer paardenvlees te eten, want Gilly was zijn vriend.

Der alte Mann und die grüne Flasche

Vor langer Zeit in einem fernen Land liebte ein alter Mann das Fischen. Er angelte jeden Tag und wenn er Fische fing, verdiente er etwas Geld. Manchmal fing er viele Fische, aber manchmal auch gar keine.

Eines Tages zog er sein Netz hoch, in der Hoffnung Fische zu fangen, die er auf dem Markt verkaufen könnte. Stattdessen fand er eine alte grüne Flasche. Er wusste, dass er sie säubern und auf dem Markt verkaufen konnte.

Neugierig auf die Flasche entfernte er den Korken. Plötzlich tauchte eine magische Gestalt auf und wuchs zu einem riesigen Dschinn heran!

Der alte Mann war erstaunt. Doch anstatt Wünsche zu erfüllen, bedrohte der wütende Dschinn das Leben des alten Mannes.

Aber der alte Mann war schlau. Er sagte: "Ich glaube nicht, dass du in dieser winzigen Flasche warst! Zeige mir, wie du hineinpasst."

Der Dschinn, begierig darauf, sich zu beweisen, schrumpfte und zwängte sich zurück in die Flasche.

"Wie dumm von dir, Dschinn!"

Der alte Mann steckte schnell den Korken wieder hinein und fing den Dschinn ein. Er warf die Flasche zurück ins Meer, wo der Dschinn dazu verdammt war, für immer zu treiben.

De oude man en de groene fles

Lang geleden, in een ver land, hield een oude man van vissen. Hij viste elke dag en als hij vissen ving, verdiende hij wat geld. Soms ving hij veel vissen, maar soms geen enkele.

Op een dag haalde hij zijn net op, in de hoop vissen te vangen om te verkopen. In plaats daarvan vond hij een oude groene fles. Hij wist dat hij de fles kon schoonmaken en verkopen op de markt.

Nieuwsgierig naar de fles, verwijderde hij de kurk. Plotseling verscheen er een magische vorm die uitgroeide tot een reusachtige geest!

De oude man was verbaasd. In plaats van wensen te vervullen, bedreigde de boze geest het leven van de oude man.

Maar de oude man was slim. Hij zei: "Ik geloof niet dat jij in deze kleine fles zat! Laat me zien hoe je erin paste."

De geest, die graag wilde bewijzen dat hij in de fles paste, kromp in elkaar en perste zich terug in de fles.

"Wat een dwaze geest!"

De oude man deed snel de kurk weer op de fles en ving de geest. Hij gooide de fles terug in de zee, waar de geest voor altijd rond zou drijven.

Der Esel und der Hund

Es war einmal ein reicher Bauer, der viele Esel hatte. Sie halfen ihm auf seinem Land zu arbeiten. Der Bauer hatte auch einen Hund, den er liebte und auf den er sich verließ, um seine Farm nachts zu schützen.

Eines Tages war der Bauer so müde, dass er ins Bett ging, ohne den Hund zu füttern. Der Hund war traurig und fragte den Esel: "Was soll ich ohne Essen tun? Ihr Esel könnt den ganzen Tag Gras fressen, aber ich verhungere." Der Esel antwortete: "Ich bin sicher, dass unser Herr uns bald füttern wird."

Aber der Bauer kam nicht, und der Hund war verärgert. Als die Nacht kam, sah der Esel einen Dieb, der sich der Farm näherte. Der Esel rief dem Hund zu: "Fang an, laut zu bellen, damit unser Herr aufwacht und den Dieb sieht!" Der Hund antwortete: "Warum sollte ich ihm helfen, wenn er vergessen hat, mich zu füttern?"

Der Esel flehte den Hund an, aber es half nichts. Stattdessen begann der Esel laute Geräusche zu machen. Bald stimmten alle Esel mit ein, und der Bauer kam gelaufen.

Der Bauer sah den Dieb und jagte ihn weg. Dann realisierte er, dass er vergessen hatte, den Hund zu füttern, was ihn verärgert hatte. Er brachte eine große Schüssel Futter für den Hund und versprach, immer für ihn zu sorgen.

"Wir müssen uns um unsere Tiere kümmern, wie um unsere Kinder", dachte der Bauer, als er den Hund streichelte und einschlief, wissend, dass der Hund die Farm in der Nacht beschützen würde.

De Ezel en de Hond

Er was eens een rijke boer die veel ezels had. Ze hielpen hem bij het werk op zijn land. De boer had ook een hond waar hij van hield en op vertrouwde om zijn boerderij 's nachts te beschermen.

Op een dag was de boer zo moe dat hij naar bed ging zonder de hond te voeden. De hond was verdrietig en vroeg aan de ezel: "Wat moet ik doen zonder eten? Jullie ezels kunnen de hele dag gras eten, maar ik verhonger." De ezel antwoordde: "Ik weet zeker dat onze meester je binnenkort eten zal geven."

Maar de boer kwam niet, en de hond was van streek. Toen de nacht viel, zag de ezel een dief naar de boerderij sluipen. De ezel riep naar de hond: "Begin luid te blaffen zodat onze meester wakker wordt en de dief ziet!" De hond antwoordde: "Waarom zou ik hem helpen als hij vergeten is me te voeden?"

De ezel smeekte de hond, maar het hielp niet. In plaats daarvan begon de ezel luidruchtige geluiden te maken. Al snel deden alle ezels mee, en de boer kwam aangesneld.

De boer zag de dief en joeg hem weg. Toen besefte hij dat hij vergeten was de hond te voeden, waardoor die van streek was. Hij bracht een grote kom eten voor de hond en beloofde altijd voor hem te zorgen.

"We moeten voor onze dieren zorgen zoals we voor onze kinderen zorgen," dacht de boer terwijl hij de hond aaide en ging slapen, wetende dat de hond de boerderij 's nachts zou beschermen.

Der kluge Hase

Es war einmal ein wütiger Tiger, der alle Tiere im Wald jagte und einschüchterte. Nur der Hase hatte keine Angst vor dem Tiger. Um seinen Freunden zu helfen, schmiedete der Hase einen Plan.

Der Hase erzählte den Tieren, er werde den Wald wieder sicher machen. Die Tiere zweifelten, aber ließen ihn es versuchen. Der Hase ging zum Tiger und erzählte ihm, dass es einen noch größeren Tiger im Wald gab. Der Tiger wurde wütend und forderte den anderen Tiger zu sehen.

Der Hase führte den Tiger zu einem tiefen Brunnen im Wald und behauptete, der größere Tiger lebe dort. Der Tiger schaute in den Brunnen, sah sein Spiegelbild und dachte, es sei der andere Tiger.

Der Hase täuschte den Tiger und brachte ihn dazu, in den Brunnen zu springen, um gegen den "größeren" Tiger zu kämpfen. Der Tiger blieb stecken und konnte nicht entkommen.

Der Hase kehrte zu den Tieren zurück und erzählte ihnen, dass der Wald jetzt sicher sei. Die Tiere feierten und waren dankbar für den klugen Hasen, der sie vor dem wütenden Tiger gerettet hatte.

Het Slimme Konijntje

Er was eens, in een bos, een boze tijger die jaagde en alle dieren bang maakte. Het konijn was het enige dier dat niet bang was voor de tijger. Om zijn vrienden te helpen, bedacht het konijn een plan.

Het konijn vertelde de dieren dat hij het bos weer veilig zou maken. De dieren twijfelden, maar lieten hem het proberen. Het konijn ging naar de tijger en vertelde hem dat er een nog grotere tijger in het bos was. De tijger was boos en eiste de andere tijger te zien.

Het konijn leidde de tijger naar een diepe put in het bos en beweerde dat de grotere tijger daar woonde. De tijger keek in de put, zag zijn spiegelbeeld en dacht dat het de andere tijger was.

Het konijn misleidde de tijger om in de put te springen om te vechten met de "grotere" tijger. De tijger zat vast en kon niet ontsnappen.

Het konijn keerde terug naar de dieren en vertelde hen dat het bos nu veilig was. De dieren vierden feest, dankbaar voor het slimme konijntje dat hen had gered van de boze tijger.

Die Familie der Amseln

Es war einmal eine Familie von Amseln, die glücklich lebte. Sie zogen mit ihren drei Küken nach Mailand und bauten ein Nest in einem hohen Baum im Garten eines Palastes. Die Küken hatten weiße Federn, während ihre Eltern schwarzes Gefieder hatten.

Während eines eisigen Winters nistete die Familie unter den Dachvorsprüngen eines Hauses, um sicher zu bleiben. Der Vatervogel suchte den ganzen Tag nach Nahrung, fand aber nur Eis und Schnee. Freundliche Menschen gaben ihnen manchmal Krümel.

Als es kälter wurde, flog der Vatervogel gen Süden, um einen wärmeren Ort zu finden. Inzwischen hatte die Mutter den Nest in der Nähe eines rauchenden Kamins platziert, um die Küken warm zu halten. Die Kälte dauerte drei Tage an.

Als der Vatervogel zurückkehrte, war seine Familie vom Ruß des Kamins schwarz geworden. Seitdem wurden Amseln schwarz geboren und weiße wurden zu einer Legende.

In Mailand werden die letzten drei Tage des Januars, die kältesten Tage, "die Tage der Amsel" genannt, um sich an die tapfere Amsel-Familie zu erinnern.

De Merelfamilie

Er was eens een merelfamilie die gelukkig leefde. Ze verhuisden met hun drie kuikens naar Milaan en bouwden een nest in een hoge boom in een paleistuin. De kuikens hadden witte veren, terwijl hun ouders zwarte veren hadden.

Tijdens een ijzige winter nestelde de familie zich onder de dakrand van een huis om veilig te blijven. De vader vogel zocht de hele dag naar voedsel, maar vond alleen ijs en sneeuw. Vriendelijke mensen gaven hen soms kruimels.

Toen het kouder werd, vloog de vader vogel naar het zuiden om een warmere plek te vinden. Ondertussen verplaatste de moeder vogel het nest dichter bij een rokende schoorsteen om de kuikens warm te houden. De kou duurde drie dagen.

Toen de vader vogel terugkeerde, was zijn gezin zwart geworden door het roet van de schoorsteen. Vanaf toen werden merels zwart geboren en werden witte merels een legende.

In Milaan worden de laatste drie dagen van januari, de koudste dagen, "de dagen van de merel" genoemd ter nagedachtenis aan de dappere merelfamilie.

Der kleine Gärtner

Sally war ein zehnjähriges Mädchen, das in einer kleinen Stadt lebte. Ihre Eltern bauten Gemüse in ihrem Garten an. Manchmal hatten sie extra Gemüse und gaben es ihren Nachbarn.

Eines Tages bat Sallys Vater sie, etwas Gemüse zu Mrs. Brown, einer alten Dame, die alleine in der Nähe lebte, zu bringen.

Auf dem Weg dachte Sally darüber nach, das Gemüse zu verkaufen und das Geld für Samen zu verwenden. Sie würde mehr Pflanzen anbauen, das Gemüse verkaufen und irgendwann ihren eigenen Garten haben.

Dann könnte sie sich ein schönes Haus und schicke Kleidung leisten.

Sally war so beschäftigt mit ihren Gedanken, dass sie einen großen Stein auf dem Weg übersah. Sie stolperte und das Gemüse verteilte sich überall.

In einem Augenblick waren Sallys Träume, einen eigenen Garten zu haben, verflogen. Sie hatte kein Gemüse zu verkaufen und konnte keine Samen kaufen. Ihre Pläne waren ruiniert. Sally fühlte sich traurig und weinte.

Auf dem Rückweg erkannte Sally, dass sie auf ihren Weg hätte achten sollen, anstatt zu Tagträumen.

Sally lernte, dass wir uns darauf konzentrieren müssen, Hindernisse auf unserem Weg zu überwinden, um unsere Ziele zu erreichen.

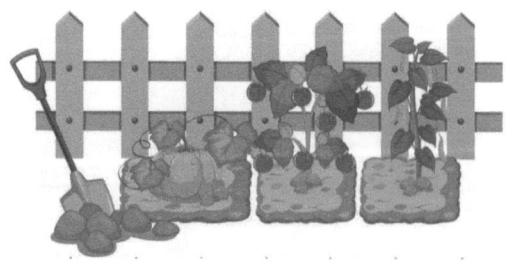

De Kleine Tuinier

Sally was een tienjarig meisje dat in een klein stadje woonde. Haar ouders verbouwden groenten in hun tuin. Soms hadden ze extra groenten en gaven ze die aan hun buren.

Op een dag vroeg Sally's vader haar om wat groenten naar mevrouw Brown te brengen, een oude dame die vlakbij alleen woonde.

Onderweg dacht Sally erover om de groenten te verkopen en het geld te gebruiken om zaden te kopen. Ze zou meer planten kweken, de groenten verkopen en uiteindelijk haar eigen tuin hebben.

Dan kon ze zich een mooi huis en chique kleren veroorloven.

Sally was zo druk aan het denken dat ze een grote steen op het pad niet zag. Ze struikelde, en de groenten vlogen overal heen.

In een oogwenk verdwenen Sally's dromen van een eigen tuin. Ze had geen groenten meer om te verkopen en kon geen zaden kopen. Haar plannen waren in duigen gevallen. Sally voelde zich verdrietig en huilde.

Op de terugweg besefte Sally dat ze op haar pad had moeten letten in plaats van te dagdromen.

Sally leerde dat we ons moeten concentreren op het overwinnen van obstakels op onze weg om onze doelen te bereiken.

Kleine Vogel und Rabe

Eines Tages lud Kleine Vogel Raven zu einer Mahlzeit ein. Sie bereitete das Essen vor und wartete auf Ravens Ankunft. Die Zeit verging, aber Raven erschien nicht. Kleine Vogel rief und fragte, wo Raven sei.

Rabe sagte, er würde kommen, nachdem er gebadet und seine roten Schuhe angezogen habe. Kleine Vogel wartete, aber Raven kam immer noch nicht. Kleine Vogel wurde hungrig und beschloss, die Mahlzeit alleine zu essen. Sie aß alles und ließ nichts für Raven übrig.

Besorgt, dass Raven sie fressen könnte, wenn er kein Essen finden würde, versteckte sich Kleine Vogel in der Küche. Plötzlich kam Raven an und fragte nach seiner Mahlzeit. Er entdeckte den leeren Topf und wurde wütend.

Rabe drohte, Kleine Vogel mit einem heißen Löffel zu schlagen, wenn sie nicht herauskäme. Kleine Vogel, verängstigt, gab sich zu erkennen. Raven schlug sie nicht, aber schimpfte sie dafür aus, dass sie kein Essen für ihn übrig gelassen hatte.

Sich schuldig fühlend, versprach Kleine Vogel, niemals vor Ankunft der Gäste zu essen und immer das zu tun, was sie sagt.

Klein Vogeltje en Raaf

Op een dag nodigde Klein Vogeltje Raaf uit voor een maaltijd. Ze bereidde het eten en wachtte tot Raaf kwam. De tijd verstreek, maar Raaf kwam niet opdagen. Klein Vogeltje riep en vroeg waar Raaf was.

Raaf zei dat hij zou komen nadat hij een bad had genomen en zijn rode schoenen had aangetrokken. Klein Vogeltje wachtte, maar Raaf kwam nog steeds niet. Klein Vogeltje kreeg honger en besloot de maaltijd alleen op te eten. Ze at alles op, en er bleef niets over voor Raaf.

Klein Vogeltje was bang dat Raaf haar zou opeten als hij geen eten vond, dus verstopte ze zich in de keuken. Plotseling kwam Raaf aan en vroeg om zijn maaltijd. Hij ontdekte de lege pot en werd boos.

Raaf dreigde Klein Vogeltje met een hete lepel te slaan als ze zich niet liet zien. Klein Vogeltje, bang, gaf zichzelf prijs. Raaf sloeg haar niet, maar verweet haar dat ze geen eten voor hem had achtergelaten.

Beschaamd beloofde Klein Vogeltje nooit meer te eten voordat de gasten arriveerden en altijd te menen wat ze zei.

Acht magische Bäume

Einmal herrschte ein großer König mit sieben Frauen über ein Königreich. Er war freundlich und großzügig, aber er hatte keinen Erben, was ihn traurig machte. Die jüngste und schönste Königin wurde schwanger, was zu einer Feier führte. Die älteren Königinnen wurden eifersüchtig, da der König die jüngere Königin bevorzugte.

Zur Überraschung des Königs brachte die jüngste Königin acht Babys zur Welt: sieben Jungen und ein Mädchen. Die neidischen Königinnen planten einen schrecklichen Plan. Sie töteten die Babys, begruben sie im Palastgarten und ersetzten sie durch Welpen und ein Kätzchen. Sie beschuldigten die jüngste Königin der Hexerei und verbannten sie.

Jahre später wuchsen sieben Champa-Bäume und ein Parul-Baum an der Stelle, wo die Babys begraben wurden. Als der König versuchte, ihre Blumen zu pflücken, hörte er eine Stimme, die ihn bat, die verbannte Königin zurückzubringen. Der König tat wie gefordert und die Königin pflückte die Blumen von den Bäumen.

Jedes Mal, wenn sie eine Blume pflückte, tauchte ein Kind auf und wurde mit seiner Mutter vereint. Der König entdeckte das böse Komplott der älteren Königinnen und sperrte sie für immer ein. Die jüngste Königin, der König und ihre acht Kinder lebten glücklich bis ans Ende ihrer Tage und lehrten die Menschen, dass Neid und falsches Handeln niemals Gutes bringen.

Acht Magische Bomen

Er was eens een grote koning met zeven vrouwen die over een koninkrijk heerste. Hij was vriendelijk en gul, maar hij had geen erfgenaam, wat hem verdrietig maakte. De jongste en mooiste koningin werd zwanger, wat leidde tot een feest. De oudere koninginnen werden jaloers omdat de koning de jongere koningin meer voorkeur gaf.

Tot verbazing van de koning beviel de jongste koningin van acht baby's: zeven jongens en een meisje. De jaloerse koninginnen bedachten een verschrikkelijk plan. Ze doodden de baby's, begroeven ze in de paleistuin en vervingen ze door puppy's en een kitten. Ze beschuldigden de jongste koningin van hekserij en verbannen haar.

Jaren later groeiden er zeven Champa-bomen en een Parul-boom uit de plek waar de baby's waren begraven. Toen de koning probeerde hun bloemen te plukken, hoorde hij een stem die vroeg om de verbannen koningin terug te brengen. De koning deed wat hem gevraagd werd en de koningin plukte de bloemen van de bomen.

Elke keer dat ze een bloem plukte, kwam er een kind tevoorschijn en werd herenigd met hun moeder. De koning ontdekte het kwaadaardige complot van de oudere koninginnen en sloot ze levenslang op. De jongste koningin, de koning en hun acht kinderen leefden nog lang en gelukkig en leerden de mensen dat afgunst en kwaad nooit iets goeds brengen.

Schwere Zeiten

Als der Krieg begann, war ich noch sehr jung. Ich erinnere mich, dass es beängstigend war, weil jeder besorgt und unsicher war. Meine Mutter sagte, dass wir unser Zuhause verlassen und die Grenze überqueren müssen, um sicher zu sein, bis der Krieg vorbei ist.

Meine Mutter war schwanger und mein Vater war nicht da. Sie musste sich um meine Schwestern und mich kümmern. Wir hatten Angst und hörten Geschichten über die Grenze, aber meine Mutter bestand darauf, dass wir gehen müssen.

Beim Überqueren der Grenze herrschte Chaos, und wir verloren meine ältere Schwester aus den Augen. Meine Tante fand sie rechtzeitig, und wir überquerten alle zusammen. Wir blieben bei Verwandten in Mazedonien, bis der Krieg endete, und kehrten später nach Hause zurück.

Als ich acht Jahre alt war, sagte meine Mutter, dass wir nach England ziehen würden, um eine bessere Zukunft zu haben. Zunächst gefiel mir die Idee nicht, aber als wir dort waren, gefiel es mir. Die Schule in England war anders und bot mehr Möglichkeiten.

Ich habe Freunde aus verschiedenen Ländern in meiner Schule gefunden und fühle mich nicht anders, weil ich aus Albanien komme. Diese Geschichte handelt davon, Veränderungen anzunehmen und das Gute darin zu sehen. Es geht darum, die Chancen im Leben zu erkennen, die sich nach schwierigen Zeiten bieten, und sich auf die Zukunft zu freuen.

Moeilijke Tijden

Toen de oorlog begon, was ik nog heel jong. Ik herinner me dat het beangstigend was, iedereen was bezorgd en onzeker. Mijn moeder zei dat we ons huis moesten verlaten en de grens moesten oversteken om veilig te zijn tot de oorlog voorbij was.

Mijn moeder was zwanger en mijn vader was er niet. Ze moest zorgen voor mijn zusjes en mij. We waren bang, we hoorden verhalen over de grens, maar mijn moeder stond erop dat we moesten gaan.

Tijdens het oversteken van de grens was het chaotisch en we raakten mijn oudere zus uit het oog. Mijn tante vond haar net op tijd en we staken allemaal samen over. We verbleven bij familie in Macedonië tot de oorlog voorbij was en verhuisden daarna terug naar huis.

Toen ik acht was, zei mijn moeder dat we naar Engeland zouden verhuizen voor een betere toekomst. Eerst vond ik het idee niet leuk, maar eenmaal daar, genoot ik ervan. School in Engeland was anders, met meer mogelijkheden.

Ik heb vrienden gemaakt uit verschillende landen op mijn school, en ik voel me niet anders omdat ik uit Albanië kom. Dit verhaal gaat over het accepteren van verandering en het zien van het goede dat eruit kan voortkomen. Het gaat over de kansen die het leven biedt na het overleven van moeilijke tijden en het uitzien naar de toekomst.

John und das kleine Eichhörnchen

Einmal lebte in einer kleinen Stadt in der Türkei eine Mutter mit ihrem Sohn namens John. Sie waren sehr arm, und jeden Tag ging John in den Wald, um Essen zu suchen.

Eines Tages hörte er beim Suchen von Pilzen ein Mädchen weinen. Er fand ein kleines Eichhörnchen, tröstete es und sie wurden Freunde. John erzählte dem Eichhörnchen von ihrer Armut, und das Eichhörnchen versprach zu helfen.

Das Eichhörnchen führte ihn zu einem Kliff, und unten würde er die Grouse Queen finden, die drei Fragen stellen würde. Das Eichhörnchen flüsterte die Antworten, dann ging es weg. John kletterte hinunter und beantwortete die Fragen der Grouse Queen. Er erhielt als Belohnung einen Topf mit Gold.

Als er das Eichhörnchen wiederfand, war es traurig. Es war eine Prinzessin, bis die Grouse Queen sie in ein Eichhörnchen verwandelte. Um den Zauber zu brechen, brauchte sie einen Tropfen des grünen Wassers aus einer Drachenhöhle. John kämpfte mutig gegen den Drachen, der die Höhle bewachte, holte das grüne Wasser und gab es dem Eichhörnchen. Sie verwandelte sich wieder in eine Prinzessin.

Der Vater der Prinzessin, der Sultan, dankte John und versprach ihm ein gutes Leben. John kehrte mit dem Gold und Geschenken für seine Mutter nach Hause zurück und sorgte dafür, dass sie nie wieder arm sein würden.

John en het Kleine Eekhoorntje

Ooit, in een klein stadje in Turkije, woonde een moeder samen met haar zoon, genaamd John. Ze waren erg arm, en elke dag ging John naar het bos om eten te zoeken.

Op een dag, terwijl hij op zoek was naar paddenstoelen, hoorde hij een meisje huilen. Hij vond een klein eekhoorntje, troostte het en ze werden vrienden. John vertelde het eekhoorntje over hun armoede, en het eekhoorntje beloofde te helpen.

Het eekhoorntje leidde hem naar een klif, en onderaan zou hij de Korhoenkoningin vinden, die drie vragen zou stellen. Het eekhoorntje fluisterde de antwoorden en vertrok. John klom naar beneden en beantwoordde de vragen van de Korhoenkoningin. Hij ontving een pot met goud als prijs.

Toen hij het eekhoorntje weer vond, was het verdrietig. Het was een prinses geweest tot de Korhoenkoningin haar in een eekhoorn veranderde. Om de betovering te verbreken, had ze een druppel groen water uit een drakengrot nodig. John vocht dapper tegen de draak die de grot bewaakte, haalde het groene water en gaf het aan het eekhoorntje. Ze veranderde weer in een prinses.

De vader van de prinses, de sultan, bedankte John en beloofde hem een goed leven. John keerde terug naar huis met het goud en geschenken voor zijn moeder, waardoor ze nooit meer arm zouden zijn.

Die Geschichte des Mädchens mit den langen Haaren

Einst lebte in einer Stadt am Fuße des Berges Du ein herzliches Mädchen mit wunderschönem langen Haar. Die Einwohner, die unter einer Dürre litten, mussten weit reisen, um an Wasser zu kommen und waren oft Gefahren ausgesetzt.

Das Mädchen, genannt "Langhaar", war dafür bekannt, dass sie ein Banyanbaum mit Wasser versorgte. Eines Tages, während sie auf dem Berg Du nach Pflanzen suchte, entdeckte sie eine riesige Rübe. Als sie sie herauszog, floss Wasser aus dem Boden. Ein Dämon tauchte auf, beanspruchte das Wasser für sich und drohte damit, ihr Leben zu nehmen, wenn sie den Ort teilt.

Langhaar kämpfte mit ihrem Dilemma, und ihr Haar änderte sich aufgrund des Stresses in Farbe. Eines Tages sah sie einen alten Mann in Gefahr, der nach Wasser suchte, und beschloss, ihm die Wasserquelle zu zeigen. Der Dämon, wütend, verlangte, dass Langhaar in dem Wasser ertrinkt, damit die Stadtbewohner darauf zugreifen können.

Bevor sie es tat, erschien der Banyan-Gott und bot Hilfe an. Er schuf eine steinerne Nachbildung von Langhaar, indem er ihr Haar verwendete, um es überzeugend aussehen zu lassen. Das Steinmädchen wurde unter Wasser platziert und täuschte so den Dämon.

Von nun an lebte "Langhaar" glücklich mit ihren Mitbewohnern.

Het Verhaal van het Meisje met Lang Haar

Ooit, in een stad aan de voet van de berg Du, woonde een vriendelijk meisje met prachtig lang haar. De dorpsbewoners hadden te kampen met droogte en moesten ver reizen voor water, waarbij ze vaak gevaar liepen.

Het meisje, bijgenaamd "Lang Haar," stond bekend om het delen van haar water met een banjanboom. Op een dag, terwijl ze op de berg Du naar planten zocht, ontdekte ze een enorme radijs. Toen ze die eruit trok, stroomde er water uit de grond. Een demon verscheen, eiste het water op en dreigde haar leven te nemen als ze de locatie zou onthullen.

Lang Haar worstelde met haar dilemma, en haar haar veranderde van kleur door de stress. Op een dag zag ze een oude man in gevaar op zoek naar water en besloot de waterbron te onthullen. De demon, woedend, eiste dat Lang Haar in het water verdronk in ruil voor toegang voor de dorpsbewoners.

Voordat ze dat deed, verscheen de banjangod en bood hulp aan. Hij creëerde een stenen replica van Lang Haar, met behulp van haar haar om het overtuigend te maken. Het stenen meisje werd onder het water geplaatst, waardoor de demon werd misleid.

Vanaf dat moment leefde "Lang Haar" gelukkig samen met haar dorpsgenoten.

Schmerzhafte Erfahrungen

Eule schaute aus ihrer Baumhöhle und sah Taube, die einen Käse rollte. Bald näherte sich Fuchs, schmeichelte Taube und brachte ihn dazu, den Käse fallen zu lassen. Der Fuchs nahm den Käse und ging, während Taube sich dumm fühlte.

Dann sah Eule eine Grille, die eine Ameise um Essen bat. Die Grille hatte den Sommer mit Singen verbracht und kein Essen gesammelt. Die Ameise, die hart gearbeitet hatte, lehnte ab zu helfen und schloss die Tür vor der Grille, in der Hoffnung, ihr eine Lektion über die Vorbereitung auf die Zukunft zu erteilen.

Eule kehrte zu ihrer Höhle zurück und überlegte, wie oft Lektionen im Leben durch schmerzhafte Erfahrungen und nicht durch Ratschläge gelernt werden. Sie hoffte, dass die Waldbewohner eines Tages gute Ratschläge annehmen würden und nicht auf die harte Tour lernen müssten.

Pijnlijke Ervaringen

Uil gluurde uit haar boomholte en zag Duif een wiel kaas vasthouden. Al snel kwam Vos eraan, vleide Duif en bedroog hem waardoor hij de kaas liet vallen. De vos pakte de kaas en vertrok, terwijl Duif zich dom voelde.

Uil zag vervolgens een sprinkhaan die een mier om eten smeekte. De sprinkhaan had de zomer doorgebracht met zingen in plaats van voedsel verzamelen. De mier, die hard had gewerkt, weigerde te helpen en sloot de deur voor de sprinkhaan in de hoop dat het haar een lesje zou leren over voorbereiding op de toekomst.

Uil keerde terug naar haar hol en dacht na over hoe levenslessen vaak worden geleerd door pijnlijke ervaringen in plaats van advies. Ze hoopte dat op een dag de boswezens goed advies zouden accepteren en geen lessen op de moeilijke manier hoefden te leren.

Tom von den Schweinen

Es war einmal ein Junge namens Tom, der einige Schweine betreute. Jeder nannte ihn Tom von den Schweinen.

Eines Tages wollte ein Mann Toms Schweine kaufen. Tom stimmte zu, sechs Schweine zu verkaufen, behielt jedoch ihre Ohren und Schwänze. Er begrub ein Schwein zur Hälfte im Sand und legte die Ohren und Schwänze darum. Dann sagte er dem Bauern, dass alle seine Schweine im Sand stecken geblieben seien.

Der besorgte Bauer versuchte, die Schweine zu retten, fand jedoch nur Ohren und Schwänze. Er bat Tom, Schaufeln von seiner Frau zu holen. Anstatt danach zu fragen, bat Tom um zwei Säcke voller Gold. Der Bauer stimmte zu, und Tom nahm das Gold mit.

Leider wurde Toms Gold gestohlen. Tom verfolgte den Dieb, der ihn mit einem Trick überlistete, indem er ihm sagte, dass ein Hirsch-Nierenfett ihn schneller machen würde. Tom glaubte ihm, entfernte seine eigene Niere und starb.

Der Bauer fand Tom und sagte: "Du warst schlau, aber du hast jemanden getroffen, der noch schlauer war."

Tom van de Varkens

Er was eens een jongen genaamd Tom die voor enkele varkens zorgde. Iedereen noemde hem Tom van de Varkens.

Op een dag wilde een man Tom's varkens kopen. Tom stemde ermee in om zes varkens te verkopen, maar hield hun oren en staarten. Hij begroef één varken half in het zand en legde de oren en staarten eromheen. Vervolgens vertelde hij de boer dat al zijn varkens vastzaten in het zand.

De bezorgde boer probeerde de varkens te redden, maar vond alleen oren en staarten. Hij vroeg Tom om scheppen bij zijn vrouw te halen. In plaats daarvan vroeg Tom om twee zakken goud. De boer stemde toe en Tom nam het goud.

Helaas stal een dief Tom's goud. Tom achtervolgde de dief, die hem misleidde door een hertennier te gooien en beweerde dat het hem sneller maakte. Tom geloofde hem, verwijderde zijn eigen nier en stierf.

De boer vond Tom en zei: "Je was slim, maar je ontmoette iemand die nog slimmer was."

Die Meerjungfrau

Vor langer Zeit lebte am Grund des Meeres eine wunderschöne Prinzessin namens Lila. Ihr Unterwasserpalast bestand aus leuchtenden Steinen, die das Wasser um sie herum zum Strahlen brachten.

Lila liebte es zu erkunden, aber ihr Vater, der mächtige Meereskönig, sagte ihr immer, niemals in Richtung der Küste zu schwimmen. Trotz seiner Warnung schwamm Lila eines Tages an die Oberfläche, angezogen von den glitzernden Strahlen der Sonne.

An der Oberfläche traf Lila einen jungen Fischer. Sie verliebten sich auf den ersten Blick, aber der Meereskönig wurde wütend. Er entfachte einen heftigen Sturm, der den Fischer in Gefahr brachte. Lila nutzte ihre Stärke, um ihn zu retten und sein Boot in Sicherheit zu bringen.

Ihre Aktionen brachten ihren Vater noch mehr in Rage. Er verwandelte Lila in Meeresschaum und zerstörte ihren Palast.

Jetzt, wenn die Wellen die Küste berühren, kann man den Meeresschaum sehen und manchmal leuchtende Steine am Strand finden. Diese erinnern an Prinzessin Lila und ihren Unterwasserpalast.

De Zeemeermin

Lang geleden, op de bodem van de zee, leefde een mooie prinses genaamd Lila. Haar onderwaterpaleis was gemaakt van gloeiende stenen, waardoor het water eromheen fel scheen.

Lila hield ervan om op ontdekking te gaan, maar haar vader, de machtige zeekoning, zei haar nooit naar de kust te zwemmen. Ondanks zijn waarschuwing zwom Lila op een dag naar de oppervlakte, gelokt door de glinsterende stralen van de zon.

Aan de oppervlakte ontmoette Lila een jonge visser. Ze werden op het eerste gezicht verliefd, maar de zeekoning werd boos. Hij veroorzaakte een hevige storm, waardoor de visser in gevaar kwam. Lila gebruikte haar kracht om hem te redden en duwde zijn boot naar een veilige plek.

Haar acties maakten haar vader nog bozer. Hij veranderde Lila in zeeschuim en vernietigde haar paleis.

Nu, wanneer de golven de kust strelen, kun je het zeeschuim zien en soms gloeiende stenen op het strand vinden. Dit zijn herinneringen aan Prinses Lila en haar onderwaterpaleis.

Die Frau, die drei Männer will

Vor langer Zeit hatte ein Kaufmann in Spanien eine kluge und entschlossene Tochter. Er hatte drei mögliche Ehemänner für sie gefunden, und sie musste einen auswählen.

"Ich will alle drei", sagte sie.

Ihr Vater war anderer Meinung, also schickte er die Männer auf eine Quest, um das seltenste Objekt zu finden, das sie konnten, und sie würde basierend auf ihren Geschenken wählen.

Der erste Mann fand einen magischen Spiegel, der jedem, egal wie weit entfernt, zeigen konnte. Der zweite Mann fand magisches Öl, das Tote wieder zum Leben erwecken konnte. Der dritte Mann fand ein Boot, das schnell überall auf der Welt reisen konnte.

Als sie sich wiedervereinigten, sah der erste Mann die Tochter tot in ihrem Sarg, indem er den Spiegel benutzte. Sie nutzten schnell das Öl und das Boot, um sie wieder zum Leben zu erwecken.

Ihr Vater, überglücklich, erzählte ihr, was sie getan hatten. Sie lächelte und sagte: "Deshalb werde ich alle drei heiraten!"

De Vrouw die Drie Mannen Wil

Lang geleden, in Spanje, had een koopman een slimme en vastberaden dochter. Hij vond voor haar drie mogelijke echtgenoten, en zij moest er een kiezen.

"Ik wil alle drie," zei ze.

Haar vader was het er niet mee eens, dus stuurde hij de mannen op een zoektocht om het zeldzaamste voorwerp te vinden dat ze konden, en zij zou kiezen op basis van hun geschenken.

De eerste man vond een magische spiegel die iedereen liet zien, ongeacht hoe ver weg ze waren. De tweede man vond magische olie die de doden weer tot leven kon brengen. De derde man vond een boot die snel overal ter wereld kon reizen.

Toen ze weer bij elkaar kwamen, zag de eerste man de dochter dood in haar kist liggen met behulp van de spiegel. Ze gebruikten snel de olie en de boot om haar weer tot leven te brengen.

Haar vader, dolblij, vertelde haar wat ze hadden gedaan. Ze glimlachte en zei: "Daarom zal ik met alle drie van hen trouwen!"

Die Träumende Mädchen

Einmal lebte ein Mädchen bei ihren Eltern, die beschlossen, dass es Zeit sei, dass sie heiratet. Während sie einen Ehemann suchten, träumte das Mädchen von ihren zukünftigen Kindern und nannte sie Mulak, Jahaan, Dhesh und Lutdi.

Als sie auf dem Dach ihres Hauses stand, rief sie ihre Namen. Die Städter missverstanden ihre Worte und dachten, dass sie in Gefahr sei und eilten zur Hilfe. Auf Punjabi klangen ihre Worte wie "Menschen", "Land" und "Ich werde angegriffen!"

Zufälligerweise versuchten Diebe in ihr Haus einzubrechen, aber als sie die Städter kommen sahen, flohen sie. Ein weiser Mann erklärte, wie ihr Tagtraum sie ungewollt vor den Dieben gerettet hatte. Die Städter stimmten zu, dass Tagträumen gut sein kann.

Das Mädchen heiratete, bekam Kinder und erzählte ihnen immer, dass Träume zu erstaunlichen Dingen führen können.

Het Dromende Meisje

Er was eens een meisje dat bij haar ouders woonde. Ze besloten dat het tijd was voor haar om te trouwen. Terwijl zij op zoek gingen naar een echtgenoot, droomde het meisje over haar toekomstige kinderen en gaf ze de namen Mulak, Jahaan, Dhesh en Lutdi.

Staand op haar dak, riep ze hun namen. De dorpsbewoners, die haar woorden verkeerd begrepen, dachten dat ze in gevaar was en renden om te helpen. In het Punjabi klonken haar woorden als "mensen", "land" en "ik word aangevallen!"

Toevallig probeerden dieven op dat moment in te breken in haar huis, maar toen ze de dorpsbewoners zagen aankomen, vluchtten ze. Een wijze man legde uit hoe haar dagdroom haar onbedoeld had gered van de dieven. De dorpsbewoners waren het erover eens dat dagdromen goed kon zijn.

Het meisje trouwde, kreeg kinderen en vertelde hen altijd dat dromen kunnen leiden tot geweldige dingen.

Die beiden Brüder und der magische Vogel

Es waren einmal zwei Brüder. Der ältere war gierig und der jüngere hatte ein gutes Herz. Als ihr Vater starb, nahm der ältere Bruder alles mit, so dass der jüngere Bruder nur einen Korb und eine Axt zum Holzhacken hatte.

Eines Tages traf der jüngere Bruder einen magischen Vogel, der ihm anbot, ihn für eine Goldmünze zur Insel der Sonne zu bringen. Er stimmte zu und kehrte mit dem Gold nach Hause zurück, kaufte sich einen kleinen Bauernhof und lebte glücklich.

Der eifersüchtige ältere Bruder forderte seinen Bruder auf, ihm sein Geheimnis zu verraten. Der jüngere Bruder erzählte ihm davon, und der ältere Bruder ging auf den Berg, traf den magischen Vogel und bat um Gold. Der Vogel brachte ihn zur Insel der Sonne, wo er gierig seinen Korb mit Gold füllte.

Aber als er aufblickte, war der Vogel fortgeflogen und ließ ihn gestrandet zurück. Der jüngere Bruder erbte das Land des älteren Bruders und teilte seinen Reichtum mit der Gemeinschaft.

De Twee Broers en de Magische Vogel

Er waren eens twee broers. De oudere broer was hebzuchtig en de jongere broer had een goed hart. Toen hun vader stierf, nam de oudere broer alles en liet de jongere broer alleen achter met een mand en een bijl om hout te hakken.

Op een dag ontmoette de jongere broer een magische vogel die hem aanbood hem naar het Eiland van de Zon te brengen voor één gouden munt. Hij stemde toe en keerde terug naar huis met het goud, kocht een kleine boerderij en leefde gelukkig.

De jaloerse oudere broer eiste zijn geheim te weten. De jongere broer vertelde het hem, en de oudere broer ging naar de berg, ontmoette de magische vogel en vroeg om goud. De vogel bracht hem naar het Eiland van de Zon, waar hij hebzuchtig zijn mand met goud vulde.

Maar toen hij opkeek, was de vogel weggevlogen en liet hem achter, gestrand op het eiland. De jongere broer erfde het land van de oudere broer en deelde zijn rijkdom met de gemeenschap.

Die Geschichte der Riesigen Bäume

In einem dichten Wald sorgten die riesigen Bäume für frische Luft. Adao und seine Freunde beschlossen, Bäume für Geld zu fällen, indem sie jeden Monat einen Baum fällten und zwei neue pflanzten. Allerdings wurden Adaos Freunde gierig und fällten mehr Bäume. Adao war traurig, aber sie hörten nicht auf ihn.

Eines Nachts warnte ihn eine mysteriöse Stimme vor Bestrafung. Am nächsten Tag zerstörte ein Sturm ihre Hütte und verletzte einen Freund. Die verängstigten Freunde rannten weg, aber Adao blieb zurück, um weitere Bäume zu pflanzen. Als der Sturm vorbei war, fand Adao seine Hütte wiederaufgebaut, mit einem warmen Essen bereit. Er versprach, weiterhin Bäume zu pflanzen und nur einen Baum pro Monat zu fällen.

Adao lebte hundert Jahre und sein Geist schloss sich den Riesigen Bäumen an, um den Wald zu schützen. Im Laufe der Jahre florierte der Wald und Adaos Vermächtnis verbreitete sich. Ein Junge namens João lernte von Adao und setzte seine Arbeit fort. Die Geschichte von Adao und den Riesigen Bäumen wurde zum Symbol der Hoffnung und lehrte die Bedeutung des Erhaltens und Respektierens der Natur.

Het Verhaal van de Reuzenbomen

In een dicht bos zorgden Reuzenbomen voor frisse lucht. Adao en zijn vrienden besloten bomen te kappen voor geld, waarbij ze elke maand één boom kapten en er twee teruggaven. Maar Adao's vrienden werden hebzuchtig en kapten meer bomen. Adao was verdrietig, maar ze luisterden niet.

Op een nacht waarschuwde een mysterieuze stem voor straf. De volgende dag verwoestte een storm hun hut en verwondde een vriend. De bange vrienden renden weg, maar Adao bleef achter om meer bomen te planten. Toen de storm stopte, vond Adao zijn hut herbouwd, met een warme maaltijd die op hem wachtte. Hij beloofde bomen te blijven planten en slechts één per maand te kappen.

Adao leefde honderd jaar en zijn geest voegde zich bij de Reuzenbomen om het bos te beschermen. Naarmate de jaren verstreken, bloeide het bos en verspreidde Adao's nalatenschap zich. Een jongen genaamd João leerde van Adao en zette zijn werk voort. Het verhaal van Adao en de Reuzenbomen werd een symbool van hoop, en leerde het belang van het behoud en respect voor de natuur.

Der Bär und der Hase

Einmal prahlte ein Bär immer mit seiner Stärke und seinem Mut. "Ich bin der Stärkste und Mutigste im Wald", behauptete er. Aber er hatte Angst vor Mäusen und wollte nicht, dass andere es wussten.

In der Nähe lebte ein ruhiger Hase. Er prahlte nicht, weil er nicht dachte, dass er stark oder klug sei. Der Bär neckte den Hasen oft wegen seiner Ängstlichkeit. Der Hase dachte: "Ich bin vielleicht leise, aber ich habe Freunde und beurteile andere nicht."

Eines Tages hörte der Hase den Bären um Hilfe rufen. Er fand den Bären an einem Ast hängend, vor einer Familie von Mäusen darunter erschrocken. Der Hase scheuchte die Mäuse sanft weg und der Bär konnte herunterklettern.

"Warum hast du Angst vor Mäusen?" fragte der Hase.

"Sie sind schleimig und dreckig", sagte der Bär.

"Das stimmt nicht", antwortete der Hase. "Du kannst sie nicht beurteilen, ohne mit ihnen zu sprechen."

Der Bär gab zu, dass er nie mit den Mäusen gesprochen hatte, und erkannte, dass er falsch lag. "Du bist tapfer und stark, vielleicht der Stärkste im Wald", sagte der Bär.

Der Hase bedankte sich, aber wusste, dass es nicht wahr war. Sie lachten zusammen und der Bär lernte, andere nicht nach ihrem Aussehen zu beurteilen. Der Bär und der Hase wurden gute Freunde.

De Beer en het Konijn

Er was eens een beer die altijd opschepte over zijn kracht en moed. "Ik ben de sterkste en dapperste in het bos," beweerde hij. Maar hij was bang voor muizen en wilde niet dat anderen dat wisten.

In de buurt woonde een rustig konijn. Hij schepte niet op omdat hij dacht dat hij niet sterk of slim was. De beer plaagde het konijn vaak omdat het timide was. Het konijn dacht: "Ik ben misschien stil, maar ik heb vrienden en oordeel niet over anderen."

Op een dag hoorde het konijn de beer om hulp roepen. Hij vond de beer hangend aan een boomtak, bang voor een familie muizen eronder. Het konijn joeg de muizen zachtjes weg en de beer klom naar beneden.

"Waarom ben je bang voor muizen?" vroeg het konijn.

"Ze zijn slijmerig en vies," zei de beer.

"Dat is niet waar," antwoordde het konijn. "Je kunt niet over hen oordelen zonder met hen te praten."

De beer gaf toe dat hij nooit met de muizen had gesproken en besefte dat hij het mis had. "Jij bent dapper en sterk, misschien wel de sterkste in het bos," zei de beer.

Het konijn bedankte hem, maar wist dat het niet waar was. Ze lachten samen, en de beer leerde niet meer te oordelen op uiterlijk. De beer en het konijn werden goede vrienden.

Die Verletzte Löwin

Es war einmal ein armes Mädchen, das in ihrem Dorf Kühe hütete. Eines Tages hörte sie einen traurigen Klang und fand einen Löwen mit einem Dorn in der Pfote. Angst aber freundlich entfernte sie den Dorn. Der Löwe bedankte sich, aber als sie zu den Kühen zurückkehrte, waren sie weg.

Der Bauer des Dorfes war wütend und ließ sie fortan die Schafe hüten. Ein Jahr später fand sie wieder denselben Löwen mit einem Dorn in der Pfote. Sie half ihm, aber auch die Schafe verschwanden. Der Bauer ließ sie daraufhin Schweine hüten.

Noch ein Jahr verging, und sie fand zum dritten Mal den Löwen mit einem Dorn in der Pfote. Die Schweine verschwanden ebenfalls. Entschlossen, das Geheimnis zu lösen, sah sie einen jungen Mann in der Nähe eines Felsens verschwinden und später einen Löwen erscheinen.

Das Mädchen fand einen geheimen Eingang in den Felsen und traf den jungen Mann in einem großen Haus. Er erzählte ihr, dass er verflucht worden war, tagsüber ein Löwe und nachts ein Mann zu sein. Ein Zauberer, der im Haus lebte, hatte ihre Tiere genommen, weil sie dem Löwen geholfen hatte.

Das mutige Mädchen konfrontierte den Zauberer, der ihr zustimmte, den Fluch aufzuheben, wenn sie aus dem Haar einer Prinzessin einen Mantel machen würde. Sie bekam das Haar der Prinzessin, indem sie versprach, ihr einen Prinzen zu finden. Sie machte den Mantel und der Zauberer hob den Fluch auf.

Der junge Mann und die Prinzessin heirateten und bekamen ein Kind, das König werden würde. Das mutige Mädchen hatte noch weitere Abenteuer vor sich, die auf einen anderen Tag warteten.

De Gewonde Leeuw

Er was eens een arm meisje dat voor de koeien van haar dorp zorgde. Op een dag hoorde ze een droevig geluid en vond een leeuw met een doorn in zijn poot. Bang maar vriendelijk verwijderde ze de doorn. De leeuw bedankte haar, maar toen ze terugkeerde naar de koeien, waren ze verdwenen.

De dorpsboer was boos en liet haar in plaats daarvan voor de schapen zorgen. Een jaar later vond ze dezelfde leeuw weer met een doorn. Ze hielp hem, maar de schapen verdwenen ook. De boer liet haar op de varkens passen.

Weer een jaar ging voorbij en ze vond de leeuw met een doorn voor de derde keer. De varkens verdwenen ook. Vastbesloten om het mysterie op te lossen, zag ze een jongeman verdwijnen bij een rots en later een leeuw verschijnen.

Het meisje vond een geheime ingang in de rots en ontmoette de jongeman in een groot huis. Hij zei dat hij door een vloek overdag een leeuw was en 's nachts een man. Een tovenaar die in het huis woonde, nam haar dieren mee omdat ze de leeuw hielp.

Het dappere meisje confronteerde de tovenaar, die ermee instemde de vloek op te heffen als ze een jas maakte van het haar van een prinses. Ze kreeg het haar van de prinses door te beloven haar een prins te vinden. Ze maakte de jas en de tovenaar hief de vloek op.

De jongeman en de prinses trouwden en kregen een kind dat koning zou worden. Het dappere meisje beleefde nog meer avonturen, bewaard voor een andere dag.

Zwei Brüder und das magische Samenkorn

Vor langer Zeit lebten in Korea zwei Brüder mit ihrem Vater. Der jüngere Bruder war freundlich, während der ältere arrogant war. Ihr Vater erinnerte sie immer daran, "was du säst, wirst du ernten". Als er starb, bat er sie, das Land zu teilen, aber der ältere Bruder nahm alles und ließ den jüngeren mit nichts zurück.

Der jüngere Bruder fand ein unerwünschtes Stück Land, pflanzte Reis und baute ein kleines Haus. Als seine Reisernte fehlschlug, bat er seinen älteren Bruder um Hilfe, wurde jedoch abgewiesen. Eines Tages rettete er ein Baby-Schwalbenjunges vor einer Schlange. Später ließ die Schwalbe ein Samenkorn fallen, das zu einer Rankpflanze mit Melonen voller Goldmünzen heranwuchs.

Die Familie des jüngeren Bruders wurde reich, und der ältere Bruder war eifersüchtig. Er versuchte, einen magischen Vogel zu finden, aber fand einen mit gebrochenem Bein. Als der Vogel geheilt war, ließ er ein Samenkorn fallen, das zu Melonen heranwuchs, aber sie waren mit schädlichen Kreaturen gefüllt, die das Haus und den Hof des älteren Bruders zerstörten.

Der ältere Bruder wurde arm und wanderte umher, bis er seinen jüngeren Bruder traf, der ihm anbot, zusammenzuarbeiten, wie es ihr Vater gewollt hatte. Sie arbeiteten hart, teilten alles und erinnerten sich daran, dass "was du säst, wirst du ernten".

Twee Broers en het Magische Zaad

Lang geleden in Korea woonden twee broers samen met hun vader. De jongere broer was aardig, terwijl de oudere arrogant was. Hun vader herinnerde hen er altijd aan: "Wat je plant, zul je eten." Toen hij stierf, vroeg hij hen het land te delen, maar de oudere broer nam alles en liet de jongere met niets achter.

De jongere broer vond wat ongewenst land, plantte rijst en bouwde een klein huis. Toen zijn rijstoogst mislukte, vroeg hij zijn oudere broer om hulp, maar werd weggestuurd. Op een dag redde hij een baby zwaluw van een slang. Later liet de zwaluw een zaadje vallen dat uitgroeide tot een wijnstok met meloenen vol gouden munten.

De familie van de jongere broer werd rijk en de oudere broer was jaloers. Hij probeerde een magische vogel te vinden, maar vond er een met een gebroken poot. Toen de vogel genas, liet hij een zaadje vallen dat meloenen deed groeien, maar ze zaten vol met schadelijke wezens die het huis en de boerderij van de oudere broer vernietigden.

De oudere broer werd arm en zwierf rond tot hij zijn jongere broer tegenkwam, die aanbood om samen te werken zoals hun vader wilde. Ze werkten hard, deelden alles en herinnerden zich dat "Wat je plant, zul je eten."

Wind und Sonne

Eines Tages sagte ein stolzer Wind zur Sonne: "Ich bin das stärkste aller Wetter!" Die Sonne antwortete: "Jedes Wetter kann stark sein."

Der Wind widersprach und schlug einen Wettbewerb vor: Wer es schafft, dass die Menschen mehr Kleidung ausziehen, würde als der Stärkere gelten. Die Sonne stimmte zu und ließ den Wind den Anfang machen. Der Wind blies stark und ließ Hüte fliegen und Menschen ihre Jacken festhalten. Nachdem er Chaos verursacht hatte, hatte der Wind die Menschen aber nicht dazu gebracht, ihre Kleidung auszuziehen.

Als Nächstes wärmte die Sonne die Erde, und die Menschen begannen, Schuhe, Socken, Hemden und Jacken auszuziehen. Einige zogen sogar ihre Hosen aus, um kühl zu bleiben.

Als der Wind den Erfolg der Sonne sah, wurde er wütend und änderte das Wetter zurück zu windig. Die Menschen zogen schnell ihre Kleidung an und gingen hinein. Der Wind konnte nicht glauben, dass die Sonne gewonnen hatte.

Die anderen Wettertypen jubelten für die Sonne, aber die Sonne stoppte sie und erklärte, dass alle Wetterarten wichtig sind und zusammenarbeiten, um Jahreszeiten zu schaffen, Pflanzen wachsen zu lassen und Licht und Schatten zu bieten.

Die Sonne teilte den Sieg mit dem Wind und lehrte, dass jeder anders ist und Teamarbeit wichtig ist. Von nun an arbeiteten alle Wettertypen zusammen und schätzten die Stärken des anderen.

De Wind en de Zon

Op een dag zei een trotse wind tegen de zon: "Ik ben de sterkste van alle weersomstandigheden!" De zon antwoordde: "Alle weersomstandigheden kunnen sterk zijn."

De wind was het daar niet mee eens en stelde een wedstrijd voor: wie kon ervoor zorgen dat mensen meer kleren uittrokken, zou de sterkste zijn. De zon stemde in en liet de wind als eerste gaan. De wind blies hard, waardoor hoeden wegvlogen en mensen hun jassen stevig vasthielden. Na alle chaos had de wind er niet voor gezorgd dat mensen hun kleren verloren.

Vervolgens verwarmde de zon de aarde, en mensen begonnen schoenen, sokken, shirts en jassen uit te trekken. Sommigen deden zelfs hun broek uit om af te koelen.

Toen de zon succesvol bleek te zijn, werd de wind boos en veranderde het weer terug naar winderig. Mensen trokken snel hun kleren aan en gingen naar binnen. De wind kon niet geloven dat de zon had gewonnen.

De andere weersomstandigheden juichten voor de zon, maar de zon hield hen tegen en legde uit dat alle weersomstandigheden belangrijk waren en samenwerkten om seizoenen te creëren, planten te helpen groeien en licht en schaduw te bieden.

De zon deelde de overwinning met de wind en leerde dat iedereen verschillend is en samenwerking belangrijk is. Vanaf dat moment werkten alle weersomstandigheden samen en waardeerden elkaars sterke punten.

Die Schildkröte und das Kaninchen

Es war einmal ein fröhliches Kaninchen namens Tim und eine ruhige Schildkröte namens George. Tim liebte es, schnell herumzulaufen, während George es genoss, sein Essen langsam zu essen. Eines Tages hatten sie eine Meinungsverschiedenheit. "Ich bin das schnellste Tier überhaupt", sagte Tim. "Ich bin schneller als ein Gepard, ein Känguru und sogar andere Kaninchen!"

"Hör auf zu prahlen", seufzte George. "Du wirst noch Ärger bekommen."

Tim ignorierte George und bestand darauf, ein Rennen zu veranstalten, um seine Geschwindigkeit zu beweisen. George stimmte zu, und sie baten Oliver, die weise alte Eule, das Rennen zu organisieren.

Am nächsten Tag versammelten sich alle Tiere, um das Rennen zu sehen. "Bereit, los!" sagte Oliver. Tim das Kaninchen rannte los, während George die Schildkröte seine langsame Reise begann.

Tim war so weit voraus, dass er beschloss, ein Nickerchen zu machen. George hingegen hielt an seinem langsamen Tempo fest, überholte Sehenswürdigkeiten und überholte schließlich den schlafenden Tim. George erreichte die Ziellinie, und alle Tiere jubelten ihm zu.

Das Geräusch weckte Tim, der schnell zur Ziellinie lief, nur um George mit einer Siegermedaille zu finden. Tim konnte es nicht glauben und beschuldigte George des Betrugs.

"Kein Betrug", sagte Oliver die weise alte Eule. "George hat fair gewonnen. Er hat nicht aufgegeben und ist als Erster ins Ziel gekommen." Tim fühlte sich traurig, aber George versuchte ihn aufzumuntern. "Es ist nur ein Rennen, Tim. Bleiben wir Freunde, und ich bin sicher, dass du beim nächsten Mal gewinnen wirst."

Von da an blieben sie beste Freunde, und Tim das Kaninchen prahlte nie wieder.

De Schildpad en het Konijn

Er was eens een vrolijk konijn genaamd Tim en een kalme schildpad genaamd George. Tim het konijn hield ervan om snel rond te rennen, terwijl George de schildpad genoot van het langzaam eten van zijn voedsel. Op een dag hadden ze een meningsverschil. "Ik ben het snelste dier ooit," zei Tim. "Ik ben sneller dan een jachtluipaard, een kangoeroe en zelfs andere konijnen!"

"Stop met opscheppen," zuchtte George. "Je zult in de problemen komen."

George, negerend, stond Tim erop om een race te houden om zijn snelheid te bewijzen. George stemde toe, en ze vroegen Oliver, de wijze oude uil, om de race te organiseren.

De volgende dag kwamen alle dieren samen om de race te bekijken. "Klaar, op uw plaatsen, start!" zei Oliver. Tim het konijn schoot weg, terwijl George de schildpad aan zijn trage reis begon.

Tim lag zo ver voor dat hij besloot een dutje te doen. George ging echter in zijn langzame tempo door, passeerde herkenningspunten en haalde uiteindelijk de slapende Tim in. George bereikte de finish en alle dieren juichten voor hem.

Het geluid maakte Tim wakker, die snel naar de finishlijn rende, alleen om George te vinden met een winnaarsmedaille. Tim kon het niet geloven en beschuldigde George van valsspelen.

"Geen vals spel," zei Oliver de wijze oude uil. "George heeft eerlijk gewonnen. Hij ging door, gaf nooit op en kwam als eerste over de finish." Tim voelde zich verdrietig, maar George probeerde hem op te vrolijken. "Het is maar een race, Tim. Laten we vrienden blijven, en ik weet zeker dat je de volgende keer zult winnen."

Vanaf toen bleven ze beste vrienden en schepte Tim het konijn nooit meer op.

Die drei kleinen Schweinchen

Eines Tages sagte Mama Schwein zu ihren drei kleinen Schweinchen, dass sie rausgehen und ihre eigenen Häuser bauen sollten. Das erste kleine Schwein traf einen Mann mit Stroh und bat ihn, etwas zu kaufen, um sein Haus zu bauen. Das zweite kleine Schwein traf einen Mann mit Stöcken und kaufte etwas, um sein Haus zu bauen. Das dritte kleine Schwein traf einen Mann mit Ziegeln und entschied sich, ein starkes Haus zu bauen.

Bald waren die Häuser aus Stroh und Stöcken fertig, während das Ziegelhaus etwas länger dauerte. Als ein hungriger Wolf kam, versuchte er, das Haus des ersten kleinen Schweins aus Stroh umzublasen. Das Schwein entkam in das Haus des zweiten kleinen Schweins. Der Wolf blies das Strohhaus nieder, und beide Schweine rannten zum Haus des dritten kleinen Schweins.

Der Wolf konnte das Ziegelhaus nicht umblasen, also versuchte er, durch den Schornstein zu klettern. Das kluge dritte Schwein kochte einen Topf Wasser, und als der Wolf hineinfiel, bekam er Angst und rannte weg. Die drei kleinen Schweinchen lebten glücklich zusammen im starken Ziegelhaus.

De Drie Kleine Biggetjes

Op een dag vertelde Mama Varken haar drie kleine biggetjes dat ze erop uit moesten gaan en hun eigen huizen moesten bouwen. Het eerste kleine biggetje ontmoette een man met stro en vroeg om wat te kopen om zijn huis te bouwen. Het tweede kleine biggetje ontmoette een man met stokken en kocht wat om zijn huis te bouwen. Het derde kleine biggetje ontmoette een man met bakstenen en besloot een sterk huis te bouwen.

Al snel waren de huizen van stro en stokken klaar, terwijl het bakstenen huis wat langer duurde. Toen er een hongerige wolf kwam, probeerde hij het huis van stro van het eerste kleine biggetje omver te blazen. Het biggetje ontsnapte naar het huis van het tweede kleine biggetje. De wolf blies het stokkenhuis omver en beide biggetjes renden naar het huis van het derde kleine biggetje.

De wolf kon het bakstenen huis niet omver blazen, dus probeerde hij via de schoorsteen naar binnen te klimmen. Het slimme derde biggetje kookte een pot met water, en toen de wolf erin viel, werd hij bang en rende weg. De drie kleine biggetjes leefden nog lang en gelukkig samen in het sterke bakstenen huis.

Die Drei Fische

Einmal lebten drei Fische in einem See. Eines Abends kamen einige Menschen am See vorbei und sahen die Fische.

"Dieser See hat viele Fische", sagten sie zueinander. "Wir waren noch nie hier. Wir sollten morgen mit unserer Ausrüstung wiederkommen und sie fangen!" Als der älteste Fisch das hörte, war er besorgt.

Er sagte zu den anderen: "Habt ihr gehört, was die Menschen gesagt haben? Wir müssen diesen See jetzt verlassen. Sie werden morgen zurückkehren und uns alle fangen!"

Der zweite Fisch stimmte zu. "Du hast recht. Wir müssen gehen."

Der jüngste Fisch lachte. "Macht euch keine Sorgen. Wir leben hier schon immer, und niemand ist je gekommen. Warum sollten sie zurückkehren? Ich bleibe hier. Mein Glück wird mich beschützen."

Der älteste Fisch verließ den See sofort mit seiner Familie.

Am nächsten Morgen sah der zweite Fisch die Menschen kommen und verließ den See schnell mit seiner Familie.

Der dritte Fisch weigerte sich immer noch zu gehen und vertraute auf sein Glück. Bald kamen die Menschen an und fingen alle Fische, die noch im See waren.

Das Glück des dritten Fisches konnte ihn nicht retten: Er wurde auch gefangen.

Die Lehre aus dieser Geschichte ist, schnell zu handeln, wenn man Gefahr sieht.

De Drie Vissen

Er waren eens drie vissen die in een meer leefden. Op een avond kwamen er mensen langs het meer en zagen de vissen.

"In dit meer zitten veel vissen," vertelden ze elkaar. "We zijn hier nog nooit geweest. We moeten morgen terugkomen met ons materiaal en ze vangen!" Toen de oudste vis dit hoorde, maakte hij zich zorgen.

Hij vertelde de anderen: "Hebben jullie gehoord wat de mensen zeiden? We moeten nu weg uit dit meer. Ze komen morgen terug en vangen ons allemaal!"

De tweede vis was het ermee eens. "Je hebt gelijk. We moeten vertrekken."

De jongste vis lachte. "Maak je geen zorgen. We wonen hier al ons hele leven en niemand is ooit gekomen. Waarom zouden ze terugkomen? Ik blijf. Mijn geluk zal me beschermen."

De oudste vis verliet meteen het meer met zijn familie.

De volgende ochtend zag de tweede vis de mensen aankomen en vertrok snel met zijn familie.

De derde vis weigerde nog steeds te vertrekken en vertrouwde op zijn geluk. Al snel kwamen de mensen aan en vingen alle vissen die nog in het meer waren.

Het geluk van de derde vis redde hem niet: ook hij werd gevangen.

De les van dit verhaal is om snel te handelen als je gevaar ziet aankomen.

Drei bunte Freunde

Einmal gab es drei schöne Freunde: einen roten, einen gelben und einen weißen Schmetterling. Sie spielten immer zusammen.

Eines Tages tauchten dunkle Wolken auf, und sie wussten, dass Regen kommen würde. Sie suchten nach einem trockenen Platz.

Sie fanden eine weiße Lilie und fragten, ob sie sich unter ihren Blütenblättern verstecken könnten.

"Nur der weiße Schmetterling darf bleiben", sagte die Lilie. "Es passt zu meiner Farbe!"

Sie gingen zu einer größeren Lilie und fragten erneut.

"Die gelben und roten Schmetterlinge dürfen bleiben, aber nicht der weiße", sagte die Lilie. "Er passt nicht zu mir!"

Die Freunde entschieden sich: "Alle drei von uns oder keiner von uns!"

Als die Sonne ihre starke Bindung sah, lugte sie durch die Wolken und vertrieb den Rege.

Drie Kleurrijke Vrienden

Er waren eens drie mooie vrienden: een rode, een gele en een witte vlinder. Ze speelden altijd samen.

Op een dag verschenen er donkere wolken en ze wisten dat er regen op komst was. Ze zochten een plek om droog te blijven.

Ze vonden een witte lelie en vroegen of ze onder de bloemblaadjes mochten schuilen.

"Alleen de witte vlinder mag blijven," zei de lelie. "Die past bij mijn kleur!"

Ze gingen naar een grotere lelie en vroegen het opnieuw.

"De gele en rode vlinders mogen blijven, maar niet de witte," zei de lelie. "Die past niet bij mij!"

De vrienden besloten: "Alle drie samen, of geen van ons!"

Toen ze zagen hoe hecht hun vriendschap was, kwam de zon tevoorschijn door de wolken en joeg de regen weg.

Die kluge Füchsin und ihre Tricks

Es war einmal eine hinterhältige Füchsin auf der Suche nach Futter. Sie sah einen mit Fisch beladenen Wagen auf der Straße kommen. Schnell gab sie vor, mitten auf der Straße tot zu sein.

Der Mann, der den Wagen fuhr, sah sie und dachte, sie sei wirklich tot. Er legte sie auf die Fische im Wagen. Als der Wagen weiterfuhr, schob die Füchsin die Fische vom Wagen herunter und sammelte sie ein, um sie zu essen.

Während sie aß, kam ein Bär und bat um etwas Fisch. Die Füchsin trickste den Bären aus, indem sie ihm sagte, er solle seinen Schwanz in einen Teich tauchen, um Fische zu fangen. Der Bär tat, wie ihm gesagt wurde, aber das Wasser fror, und er verlor seinen Schwanz.

Wütend versuchte der Bär, die Füchsin zu fangen, aber sie war zu schlau. Sie versteckte sich in einem hohlen Baum und verhöhnte ihn immer weiter. Der Bär konnte sie nicht fangen, und die Füchsin genoss ihren Sieg, indem sie sowohl den Mann als auch den Bären übertölpelte.

De Slimme Vos en Haar Streken

Er was eens een sluwe vos op zoek naar voedsel. Ze zag een kar vol met vis aankomen over de weg. Snel deed ze alsof ze dood was en ging midden op de weg liggen.

De man die de kar bestuurde, zag haar en dacht dat ze echt dood was. Hij legde haar boven op de vis in de kar. Terwijl de kar verder reed, duwde de vos de vissen eraf en verzamelde ze om op te eten.

Terwijl ze at, kwam er een beer die ook wat vis wilde. De vos bedroog de beer en vertelde hem dat hij zijn staart in een vijver moest steken om vis te vangen. De beer deed wat hem was verteld, maar het water bevroor en hij verloor zijn staart.

Boos probeerde de beer de vos te vangen, maar zij was te slim. Ze verstopte zich in een holle boom en bleef hem uitdagen. De beer kon haar niet vangen en de vos genoot van haar overwinning, nadat ze zowel de man als de beer te slim af was geweest.

Die Magische Vogel

Vor langer Zeit lebten Jack und Lily in einem wunderschönen Garten namens Traumland. Sie hatten ein perfektes Leben mit schöner Umgebung und Tieren. Sie hatten alles, was sie brauchten, außer einer Regel: Sie durften nicht von dem Baum der Geheimnisse essen.

Viele Jahre lang genossen Jack und Lily Traumland und gingen niemals in die Nähe des Baumes. Aber eines Tages fing Lily an, über den Baum und seine Früchte nachzudenken. Sie konnte der Versuchung nicht widerstehen, aß die Frucht und Jack und Lily lernten die schlechte Seite des Lebens kennen. Sie mussten Traumland verlassen, und ihr perfektes Leben war vorbei.

Aber unter dem Baum wurde ein besonderer Vogel geboren, mit erstaunlichen Federn und Gesang. Jack und Lily wurden von einem Wächter mit einem mächtigen Schwert weggeschickt. Ein Funke des Schwerts landete auf dem Nest des Vogels, und obwohl das Nest verbrannte, schlüpfte ein neuer Vogel aus dem Ei.

Dieser einzigartige Vogel, der Magische Vogel genannt wird, bleibt bei den Menschen, unsichtbar aber präsent. Er verbreitet Glück, Licht und Schönheit in den Leben der Menschen. Der Vogel erneuert sich jedes Jahr, indem er aus seiner eigenen Asche steigt, stärker und schöner.

Der Magische Vogel besucht junge Kinder und gibt ihnen Freude und Hoffnung, bevor sie sich den Herausforderungen des Lebens stellen. Wie der Vogel müssen auch wir aus schwierigen Zeiten aufsteigen und wieder Glück finden.

De Magische Vogel

Lang geleden, in een prachtige tuin genaamd Droomland, woonden Jack en Lily. Ze hadden een perfect leven, met mooie omgevingen en dieren. Ze hadden alles wat ze nodig hadden, behalve één regel: ze mochten geen vruchten eten van de Boom der Geheimen.

Vele jaren genoten Jack en Lily van Droomland, zonder ooit bij de boom in de buurt te komen. Maar op een dag begon Lily zich af te vragen wat er zo speciaal was aan de boom en zijn vruchten. Verleid, at ze van de vruchten, en zowel Jack als Lily leerden de slechte kant van het leven kennen. Ze werden gedwongen Droomland te verlaten, en hun perfecte leven was voorbij.

Maar onder de boom werd een bijzondere vogel geboren, met prachtige veren en een betoverend lied. Jack en Lily werden door een bewaker met een krachtig zwaard weggestuurd. Een vonk van het zwaard viel op het vogelnest, en hoewel het nest verbrandde, kwam er uit een ei een nieuwe vogel tevoorschijn.

Deze unieke vogel, de Magische Vogel genoemd, blijft bij mensen, ongezien maar aanwezig. Het verspreidt geluk, licht en schoonheid in het leven van mensen. De vogel vernieuwt zich elk jaar, herrijzend uit zijn eigen as, sterker en mooier.

De Magische Vogel bezoekt jonge kinderen en schenkt hen vreugde en hoop voordat ze de uitdagingen van het leven tegemoet treden. Net als de vogel moeten ook wij opstaan uit moeilijke tijden en opnieuw geluk vinden.

Die kleine Mädchen und die Maus

Es war einmal in einer schönen Stadt in Polen, wo ein mutiges kleines Mädchen mit ihrer Familie lebte. Sie liebte Tiere und hatte vor fast nichts Angst. Nun ja, fast nichts. Das kleine Mädchen und ihr älterer Bruder liebten es, mehr über Tiere zu lernen und spielten Spiele, um ihr Wissen zu testen. Aber es gab eine Sache, vor der der Bruder Angst hatte: Mäuse. Das kleine Mädchen bemerkte das und wurde auch vor Mäusen ängstlich.

Eines Sommertages besuchte das kleine Mädchen seine Großeltern auf dem Land. Sie verbrachte gerne Zeit mit ihnen, erkundete den Wald und die Felder. Eines Tages sah das kleine Mädchen in der Küche eine Maus und schrie vor Angst. Ihre Großmutter fragte sie, warum sie vor dem winzigen Wesen Angst hatte.

Das kleine Mädchen erklärte, dass es gelernt hatte, vor Mäusen Angst zu haben, von ihrem Bruder. Ihre Großmutter sagte ihr, dass sie keine Angst vor Dingen haben solle, die keinen guten Grund dazu haben. Sie teilte eine Geschichte aus ihrer eigenen Kindheit während des Krieges, in der sie von Mäusen lernen und überleben konnte. Das kleine Mädchen hörte aufmerksam zu und begann, Mäuse in einem anderen Licht zu sehen.

Als sie eine Maus über den Küchenboden huschen sah, versprach sich das kleine Mädchen, dass es Mäuse freundlicher denken würde. Sie beschloss, die Geschichte ihrer Großmutter mit ihrem Bruder zu teilen, damit auch er sehen konnte, dass Mäuse gar nicht so beängstigend sind.

Het Kleine Meisje en de Muis

Er was eens, in een prachtig stadje in Polen, een dapper klein meisje dat met haar familie woonde. Ze hield van dieren en was nergens bang voor. Nou ja, bijna nergens. Het kleine meisje en haar oudere broer vonden het leuk om over dieren te leren en speelden spelletjes om hun kennis te testen. Maar er was één ding waar de broer bang voor was: muizen. Het kleine meisje merkte het op en werd ook bang voor muizen.

Op een zomer ging het kleine meisje op bezoek bij haar grootouders op het platteland. Ze genoot ervan om tijd met hen door te brengen, de bossen en velden te verkennen. Op een dag zag het meisje in de keuken een muis en gilde van angst. Haar oma vroeg haar waarom ze bang was voor het kleine wezentje.

Het kleine meisje legde uit dat ze van haar broer had geleerd om bang te zijn voor muizen. Haar oma vertelde haar dat ze niet bang moest zijn voor dingen zonder goede reden. Ze vertelde een verhaal uit haar eigen jeugd tijdens een oorlog, toen het kijken naar en leren van muizen haar had geholpen te overleven. Het kleine meisje luisterde aandachtig en begon muizen in een ander licht te zien.

Terwijl ze een muis over de keukenvloer zag rennen, beloofde het kleine meisje zichzelf om vriendelijker over muizen te denken. Ze besloot het verhaal van haar oma met haar broer te delen, zodat ook hij kon inzien dat muizen eigenlijk helemaal niet zo eng waren.

Geheimnis des Bauernhofs

Es war einmal in einer kleinen Stadt in Pakistan ein alter Bauer mit vier faulen Söhnen. Der Bauer war freundlich und fleißig, aber seine Söhne bereiteten ihm immer Ärger und halfen nie bei der Arbeit auf dem Bauernhof. Als der Bauer schwächer wurde, sorgte er sich um die Zukunft seiner Söhne.

Eines Tages erkrankte der Bauer und wusste, dass er nicht mehr lange zu leben hatte. Er versammelte seine Söhne und erzählte ihnen von einem versteckten Schatz, der irgendwo auf dem Bauernhof begraben war. Er sagte, dass sie, wenn sie den Schatz finden, reich sein und nicht mehr arbeiten müssten. Sie müssten den Schatz zu ihrem Onkel bringen, um ihn gleichmäßig unter sich aufzuteilen.

Nachdem der Bauer gestorben war, begannen die Brüder nach dem Schatz zu suchen. Sie gruben jeden Feld auf dem Bauernhof um, konnten ihn aber nicht finden. Schließlich bemerkten sie, dass sie den Boden für das Aussäen von Samen vorbereitet hatten. Sie säten Samen, gossen sie und ernteten bald ihre Ernte. Sie verkauften die Ernte auf dem Markt und verdienten viel Geld.

Die Brüder brachten das Geld zu ihrem Onkel, der es gleichmäßig unter ihnen aufteilte. Ihr Onkel erklärte ihnen, dass der eigentliche Schatz der Bauernhof selbst sei. Von diesem Zeitpunkt an arbeiteten die Brüder hart auf dem Bauernhof, wurden reicher und lernten den Wert von Disziplin, Respekt und harter Arbeit kennen. Der geheime Schatz ihres Vaters hatte ihnen wichtige Lektionen gelehrt und sie einander näher gebracht.

Het Geheim van de Boerderij

Er was eens, in een klein stadje in Pakistan, een oude boer met vier luie zonen. De boer was vriendelijk en hardwerkend, maar zijn zonen zorgden altijd voor problemen en hielpen nooit mee met het werk op de boerderij. Terwijl de boer zwakker werd, maakte hij zich zorgen over de toekomst van zijn zonen.

Op een dag werd de boer ziek en wist hij dat hij niet lang meer te leven had. Hij riep zijn zonen bij zich en vertelde hen over een verborgen schat die ergens op de boerderij begraven lag. Hij zei dat als ze de schat zouden vinden, ze rijk zouden zijn en niet meer hoefden te werken. Ze moesten de schat naar hun oom brengen om het gelijk onder hen te verdelen.

Nadat de boer overleden was, begonnen de broers te zoeken naar de schat. Ze groeven elk veld op de boerderij om, maar konden het niet vinden. Uiteindelijk merkten ze dat ze de grond hadden voorbereid voor het planten van zaden. Ze zaaiden zaden, gaven ze water, en oogstten al snel hun gewassen. Ze verkochten de gewassen op de markt en verdienden veel geld.

De broers brachten het geld naar hun oom, die het gelijk onder hen verdeelde. Hun oom vertelde hen dat de echte schat de boerderij zelf was. Vanaf dat moment werkten de broers hard op de boerderij, werden rijker en leerden de waarde van discipline, respect en hard werken. De geheime schat van hun vader had hen belangrijke lessen geleerd en hen dichter bij elkaar gebracht.

Der magische Spiegel

Ein König wollte eine Frau finden und bat seinen vertrauten Friseur um Hilfe. Der Friseur hatte einen besonderen Spiegel, der das wahre Wesen einer Person zeigen konnte. Wenn jemand in den Spiegel schaute und schlechte Dinge getan hatte, würde der Spiegel Flecken zeigen.

Die Nachricht verbreitete sich, und jeder fragte sich, wer mutig genug sein würde, in den Spiegel zu schauen. Überraschenderweise trat niemand vor. Der König war traurig und fragte sich, ob er jemals eine Frau finden würde.

Eines Tages erwähnte der Friseur eine bescheidene Schäferin, die bereit sein könnte, in den Spiegel zu schauen. Der König lud sie an seinen Hof ein. Vor allen Leuten bat der König sie, in den Spiegel zu schauen. Die Schäferin gab zu, dass sie Fehler gemacht hatte, aber sie hatte keine Angst.

Als sie in den Spiegel schaute, gab es keine Flecken. Die anderen Damen am Hofe nahmen den Spiegel und sahen ebenfalls keine Flecken. Sie behaupteten, der Spiegel sei nicht magisch.

Der König enthüllte, dass der Spiegel nicht magisch war, aber die Tapferkeit und Ehrlichkeit der Schäferin machten sie zur besten Wahl als seine Königin. Die Schäferin wurde zur Königin, und der König wusste, dass er die beste Person gefunden hatte, um sein Leben zu teilen.

De Magische Spiegel

Een koning wilde een vrouw vinden, dus vroeg hij zijn vertrouwde kapper om hulp. De kapper had een speciale spiegel die het ware karakter van een persoon kon tonen. Als iemand erin keek en slechte dingen had gedaan, zou de spiegel vlekken tonen.

Het nieuws verspreidde zich en iedereen vroeg zich af wie dapper genoeg zou zijn om in de spiegel te kijken. Verrassend genoeg meldde niemand zich aan. De koning was verdrietig en vroeg zich af of hij ooit een vrouw zou vinden.

Op een dag noemde de kapper een bescheiden herderin die misschien bereid was om in de spiegel te kijken. De koning nodigde haar uit aan zijn hof. In het bijzijn van iedereen vroeg de koning haar om in de spiegel te kijken. De herderin gaf toe dat ze fouten had gemaakt, maar ze was niet bang.

Toen ze in de spiegel keek, waren er geen vlekken. De andere dames van het hof namen de spiegel en zagen ook geen vlekken. Ze beweerden dat de spiegel niet magisch was.

De koning onthulde dat de spiegel niet magisch was, maar de moed en eerlijkheid van de herderin maakten haar de beste keuze voor zijn koningin. De herderin werd koningin, en de koning wist dat hij de beste persoon had gevonden om zijn leven mee te delen.

Die Frau und das Biest

Vor langer Zeit lebte in einer kleinen französischen Stadt ein armer Kaufmann mit seiner Tochter Belle. Eines Tages musste der Kaufmann auf eine Reise gehen und Belle blieb allein zu Hause. Als er zurückkehrte, war er müde und fand ein verzaubertes Schloss, in dem er sich ausruhen konnte.

Er betrat das Schloss, aß eine Mahlzeit und schlief. Am nächsten Morgen fand er einen wunderschönen Rosenstrauch im Garten und dachte, dass Belle eine Rose lieben würde. Als er eine pflückte, erschien ein furchteinflößendes Biest, wütend über die gestohlene Rose.

Gerade in diesem Moment kam Belle, besorgt um ihren Vater, an. Das Biest stimmte zu, den Kaufmann gehen zu lassen, aber nur wenn Belle für immer bei ihm bleiben würde. Belle stimmte zu und ihr Vater ging.

Zunächst hatte Belle Angst vor dem Biest, aber sie erkannte, dass er ein gutes Herz hatte. Das Biest verliebte sich in Belle und bat sie, ihn zu heiraten, aber Belle vermisste ihren Vater und wollte ihn sehen. Das Biest zeigte ihr einen magischen Spiegel, in dem sie ihren kranken Vater sah. Belle bat das Biest, sie besuchen zu dürfen, und es stimmte zu.

Nachdem sie ihrem Vater geholfen hatte, hatte Belle einen Traum, dass das Biest krank sei. Sie eilte zurück zum Schloss und fand es im Bett liegend. Sie sagte dem Biest, dass sie ihn liebte, und plötzlich verwandelte er sich in einen hübschen Prinzen. Der Fluch, dem er unterlag, war durch wahre Liebe gebrochen worden. Das Paar heiratete und lebte glücklich bis ans Ende seiner Tage.

De Vrouw en het Beest

Lang geleden, in een klein Frans stadje, woonde een arme koopman met zijn dochter, Belle. Op een dag moest de koopman op reis, dus Belle bleef alleen thuis. Bij zijn terugkeer was de koopman moe en vond hij een betoverd kasteel waar hij kon uitrusten.

Hij ging het kasteel binnen, at een maaltijd en sliep. De volgende ochtend vond hij een prachtige rozenstruik in de tuin en dacht dat Belle een roos leuk zou vinden. Terwijl hij er een plukte, verscheen er een angstaanjagend Beest, boos over de gestolen roos.

Net op dat moment kwam Belle aan, bezorgd om haar vader. Het Beest stemde ermee in de koopman te laten gaan, maar alleen als Belle voor altijd bij hem bleef. Belle stemde toe en haar vader vertrok.

In het begin was Belle bang voor het Beest, maar ze besefte dat hij een goed hart had. Het Beest werd verliefd op Belle en vroeg haar met hem te trouwen, maar Belle miste haar vader en wilde hem zien. Het Beest toonde haar een magische spiegel, die haar zieke vader onthulde. Belle smeekte het Beest om haar vader te mogen bezoeken, en hij stemde toe.

Nadat ze haar vader had geholpen te herstellen, had Belle een droom dat het Beest ziek was. Ze haastte zich terug naar het kasteel en vond hem in bed. Ze vertelde het Beest dat ze van hem hield, en plotseling veranderde hij in een knappe prins. De vloek waaronder hij leed was verbroken door ware liefde. Het stel trouwde en leefde nog lang en gelukkig.

Ehrlichkeit zählt

Es war einmal ein Junge namens Tim, der Sohn eines Bauern. Tim hatte die schlechte Angewohnheit, seiner Familie und seinen Freunden zu lügen. Er erfand Geschichten über Monster, täuschte gefährliche Tiere vor oder gab vor, krank zu sein, um Arbeit zu vermeiden.

Tims tägliche Aufgabe bestand darin, die Kühe seines Vaters auf eine nahegelegene Wiese zu bringen. Er fand diese Arbeit langweilig und wünschte sich ein aufregenderes Leben. Langeweile und Frustration führten dazu, dass Tim Lügengeschichten erfand.

Eines Tages beschloss Tim, die Bewohner der Stadt hereinzulegen. Er gab vor, von einem Löwen angegriffen worden zu sein und schrie um Hilfe. Die Bewohner der Stadt eilten herbei, um ihm zu helfen, aber sie fanden ihn nur über seinen Scherz lachen. Sie waren enttäuscht und warnten ihn davor, dies nicht noch einmal zu tun. Aber Tim hörte nicht auf sie.

Ein paar Tage später spielte Tim denselben Trick. Wieder eilten die Bewohner der Stadt, um ihm zu helfen, aber sie fanden Tim nur lachend vor. Sie waren wütend, und Tims Vater musste sich für das Verhalten seines Sohnes entschuldigen.

Am nächsten Tag hörte Tim ein Rascheln hinter sich, als er die Kühe beobachtete. Zu seinem Entsetzen erschien ein echter Löwe! Tim versuchte zu fliehen, aber der Löwe versperrte ihm den Weg. Er schrie um Hilfe, aber dieses Mal kam niemand, um ihm zu helfen.

Leider wurde Tim vom Löwen getötet. Seine Lügen hatten dazu geführt, dass die Bewohner ihm nicht mehr vertrauten und ihm, als er wirklich Hilfe brauchte, niemand glaubte. Diese Geschichte lehrt uns die Bedeutung von Ehrlichkeit und die Konsequenzen des Lügens.

Eerlijkheid Telt

Er was eens een jongen genaamd Tim, de zoon van een boer. Tim had de slechte gewoonte om tegen zijn familie en vrienden te liegen. Hij verzon verhalen over monsters, deed alsof hij gevaarlijke dieren zag of veinsde ziek te zijn om onder het werk uit te komen.

Tim's dagelijkse taak was om de koeien van zijn vader naar een nabijgelegen weide te brengen om te grazen. Hij vond dit werk saai en verlangde naar een spannender leven. Verveling en frustratie leidden ertoe dat Tim onware verhalen verzon.

Op een dag besloot Tim een grap uit te halen met de dorpsbewoners. Hij deed alsof hij werd aangevallen door een leeuw en schreeuwde om hulp. De dorpsbewoners snelden toe om hem te redden, maar vonden hem lachend om zijn grap. Ze waren teleurgesteld en waarschuwden hem om het niet nog eens te doen. Maar Tim luisterde niet.

Een paar dagen later haalde Tim dezelfde truc uit. Opnieuw snelden de dorpsbewoners toe om te helpen, maar vonden Tim lachend om hen. Ze waren woedend, en Tim's vader moest zich verontschuldigen voor het gedrag van zijn zoon.

De volgende dag, terwijl Tim op de koeien lette, hoorde hij geritsel achter zich. Tot zijn schrik verscheen er een echte leeuw! Tim probeerde te ontsnappen, maar de leeuw blokkeerde zijn weg. Hij schreeuwde om hulp, maar deze keer kwamen de dorpsbewoners hem niet redden.

Helaas werd Tim gedood door de leeuw. Zijn leugens hadden ervoor gezorgd dat de dorpsbewoners hem niet vertrouwden, en toen hij echt hulp nodig had, geloofde niemand hem. Dit verhaal leert ons het belang van eerlijkheid en de gevolgen van liegen.

Die Dämmerung des Drachen

Als die Dämmerung das Reich umhüllte, suchten die Ritter Aldric, Isabella und Lionel Schutz für die Nacht. Sie stießen auf eine verborgene Stadt im Schatten eines mächtigen, unheimlichen Berges.

Die Stadt war unglaublich still, mit allen Häusern verschlossen und ihren Bewohnern verborgen. Die Ritter fanden eine Herberge, in der sie Einlass fanden, und entdeckten die Bewohner der Stadt. Als sie ein Gespräch über einen furchterregenden Drachen belauschten, schworen die Ritter, das Ungeheuer zu konfrontieren, um die Bewohner zu schützen.

Sie folgten den Anweisungen der Bewohner und wanderten den Berg hinauf zum Drachennest. In der Höhle fanden sie eine beeindruckende Ansammlung von Edelsteinen und Gold. Erwarteten sie einen monströsen Drachen, waren sie erstaunt, als sie ein kleines Wesen entdeckten, das nicht größer als ein Hund war und schimmernde rubinrote Schuppen hatte.

Die Ritter hatten den Drachen falsch eingeschätzt, der beschuldigt worden war, die Stadt zu terrorisieren. Der Drache war sanftmütig und verbrachte seine Tage mit der Herstellung von Schmuck. Bestürzt über den Schaden, den die Ritter verursacht hatten, weinte der Drache über seine zerbrochene Brille.

Als sie ihren Fehler erkannten, führten die Ritter die skeptischen Bewohner in die Höhle. Als sie den kleinen weinenden Drachen sahen, erweichte das Herz der Bewohner, und sie boten an, ihr Heim zu reparieren und seine Brille zu reparieren.

Nachdem die wahre Natur des Drachen enthüllt wurde, machten sich die Ritter auf zu neuen Abenteuern und waren zuversichtlich, dass die Bewohner die Lektion gelernt hatten, andere nicht aufgrund von Gerüchten oder Erscheinungen zu beurteilen.

De Schemering van de Draak

Terwijl de schemering het rijk omarmde, zochten de ridders Aldric, Isabella en Lionel, moe van het reizen, onderdak voor de nacht. Ze stuitten op een verborgen stad in de schaduw van een torenhoge, dreigende berg.

De stad was akelig stil, met alle huizen op slot en hun bewoners verscholen. De ridders vonden een herberg waar ze naar binnen mochten en ontdekten de dorpsbewoners daarbinnen. Een gesprek over een angstaanjagende draak opvangend, zwoeren de ridders het beest te confronteren om de dorpsbewoners te beschermen.

De ridders volgden de aanwijzingen van de dorpsbewoners en beklommen de berg naar het hol van de draak. In de grot vonden ze een oogverblindende verzameling edelstenen en goud. In afwachting van een monsterlijke draak, waren ze verbaasd om een klein wezen te ontdekken, niet groter dan een hond, met glinsterende robijnrode schubben.

De ridders hadden de draak verkeerd beoordeeld, die ervan beschuldigd werd het stadje te terroriseren. De draak was zacht en bracht haar dagen door met het maken van sieraden. Geëmotioneerd door de schade die de ridders hadden aangericht, snikte de draak over haar gebroken bril.

Beseffend dat ze een fout hadden gemaakt, leidden de ridders de sceptische dorpsbewoners naar de grot. Bij het zien van de kleine, huilende draak, werden de harten van de dorpsbewoners zachter en boden ze aan om haar huis te helpen repareren en haar bril te maken.

Met de ware aard van de draak onthuld, vertrokken de ridders voor nieuwe avonturen, ervan overtuigd dat de dorpsbewoners de les hadden geleerd om anderen niet te beoordelen op basis van geruchten of uiterlijk.

Eine Unendliche Freundschaft

Ein Hase und ein Fuchs waren enge Freunde. Jeden Morgen besuchte der Fuchs den Hasen in seinem Bau im Busch. Der Hase genoss die Gesellschaft des Fuchses, bemerkte jedoch nicht die wachsende Frustration des Fuchses, immer derjenige zu sein, der zu Besuch kam.

Die Faulheit des Hasen verwandelte den Fuchs in einen Feind. Eines Tages beschloss der Fuchs, dem Hasen eine Lektion zu erteilen. Er band heimlich einen Faden an das Bein des Hasen und seinen Schwanz. Nachdem er sich verabschiedet hatte, sprang der Fuchs in einen nahe gelegenen Bach. Der Faden zog den Hasen aus dem Busch und er fiel mit einem Spritzer ins Wasser!

Der Hase konnte nicht schwimmen und konnte den Faden trotz Anstrengungen nicht lösen. Schließlich ertrank er. Der Fuchs dachte, er habe dem Hasen eine Lektion erteilt, aber ein Raubvogel sah den schwimmenden Hasen von oben. Der Vogel griff nach seiner Beute und griff den Hasen mit seinen scharfen Klauen.

Der Fuchs erinnerte sich plötzlich an den Faden, der sie beide verband. Der Vogel trug sie beide auf einen hohen Ast. Es war dann, dass der Fuchs seinen Fehler erkannte. Indem er eine Falle für den Hasen gestellt hatte, hatte er auch sich selbst gefangen genommen.

Ein altes afrikanisches Sprichwort sagt: "Grab nicht zu tief ein Loch für deinen Feind, denn du könntest selbst hineinfallen."

Een Eeuwige Vriendschap

Een konijn en een vos waren goede vrienden. Elke ochtend bezocht de vos het konijnenhol in een struik. Het konijn genoot van het gezelschap van de vos, maar merkte niet dat de vos steeds gefrustreerder raakte omdat hij altijd degene was die op bezoek kwam.

De luiheid van het konijn veranderde de vos in een vijand. Op een dag besloot de vos het konijn een lesje te leren. Stiekem bond hij een touwtje aan de poot van het konijn en zijn eigen staart. Na afscheid te hebben genomen, sprong de vos in een nabijgelegen beek. Het touwtje trok het konijn uit de struik en hij viel met een plons in het water!

Het konijn kon niet zwemmen en kon, ondanks zijn worsteling, het touwtje niet losmaken. Uiteindelijk verdronk hij. De vos dacht dat hij het konijn een lesje had geleerd, maar een roofvogel zag het drijvende konijn van bovenaf. De vogel dook naar beneden om zijn maaltijd te pakken, het konijn vastgrijpend met zijn scherpe klauwen.

De vos herinnerde zich plotseling het touwtje dat hen samenbond. De vogel droeg hen beide naar een hoge boomtak. Toen besefte de vos zijn fout. Door een val voor het konijn op te zetten, had hij zichzelf ook gevangen gezet.

Een oud Afrikaans gezegde luidt: "Graaf geen te diepe kuil voor je vijand, want je kunt er zelf in vallen."

Die drei Bären

In einem kleinen Haus in der Nähe des Waldes lebte ein Mädchen namens Lily mit ihrer Familie. Eines Morgens schickte ihre Mutter sie zum Sammeln von Brombeeren in den Wald. Während sie ging, stolperte Lily über eine Hütte und beschloss, zu sehen, ob sie dort Nahrung und Ruhe finden konnte.

In der Hütte fand sie drei Schüsseln mit Brei und drei Stühle. Die größte Schüssel war zu heiß und die mittlere zu kalt. Die kleinste Schüssel war genau richtig, also aß sie alles auf. Müde geworden, ging sie nach oben und probierte drei Betten aus. Das erste war zu hart, das zweite zu weich, aber das kleinste war perfekt, und sie schlief ein.

Als die Bewohner der Hütte, eine Bärenfamilie, zurückkehrten, bemerkten sie, dass ihr Brei gegessen und ihre Stühle verschoben worden waren. Sie gingen nach oben und fanden Lily im kleinsten Bett schlafend. Durch die Bären aufgeweckt, sprang sie aus dem Fenster und rannte nach Hause.

Die verwirrten Bären stellten die Stühle zurück und machten neuen Brei. Sie erinnerten sich immer daran, dass Menschen seltsame Wesen waren und man ihnen mit Brei nicht trauen konnte.

De Drie Beren

In een klein huisje bij het bos woonde een meisje genaamd Lily met haar familie. Op een ochtend stuurde haar moeder haar naar het bos om bramen te plukken. Tijdens het wandelen struikelde Lily over een blokhut en besloot te kijken of ze daar eten en rust kon vinden.

Binnen in de blokhut vond ze drie kommen pap en drie stoelen. De grootste kom was te heet en de middelste was te koud. De kleinste kom was precies goed, dus at ze het helemaal op. Vermoeid ging ze naar boven en probeerde drie bedden uit. De eerste was te hard, de tweede te zacht, maar de kleinste was perfect en ze viel in slaap.

Toen de bewoners van de blokhut, een berenfamilie, terugkwamen, merkten ze dat hun pap was opgegeten en hun stoelen verplaatst. Ze gingen naar boven en vonden Lily slapend in het kleinste bed. Geschrokken wakker door de beren, sprong ze uit het raam en rende naar huis.

De verbaasde beren zetten de stoelen terug en maakten meer pap, en herinnerden zich altijd dat mensen eigenaardige wezens waren, die niet te vertrouwen waren met pap.

Eine nette Freundschaft

In einem schönen Wald in Neuseeland lebte eine kleine Raupe namens Max mit seinem besten Freund Sam auf einem Ast. Sam war auch eine Raupe, hatte aber andere Vorlieben: Sam liebte Blätter, während Max lieber Insekten fraß.

Eines Tages fing Sam an, seltsam zu handeln und wurde steif. Max versuchte, ihn aufzuheitern, aber Sam schlief nur. Tage vergingen, und Sams Haut verhärtete sich wie eine Schale. Max blieb an seiner Seite und wartete.

Schließlich schlüpfte Sam als wunderschöner Schmetterling aus seiner Hülle. Er breitete seine Flügel aus und flog davon und Max fühlte sich allein und konnte ihm nicht folgen. Er rannte zur Spitze des Zweiges und fragte sich, ob sie jemals wieder zusammen spielen würden.

Als Max weinte, rief eine Stimme aus der Dunkelheit. Es war Sam, der zurückgekehrt war. Er erklärte, dass Max ein Glühwürmchen sei, das in der Nacht hell leuchtet. Andere Glühwürmchen in der Nähe wollten auch Freunde sein!

Max befürchtete, dass sie keine Freunde mehr sein könnten, aber Sam versicherte ihm, dass Freunde immer einen Weg finden. Von diesem Tag an spielten Max und Sam bei jedem Sonnenauf- und -untergang weiterhin zusammen und lachten gemeinsam wie immer.

Een Fijne Vriendschap

In een mooi Nieuw-Zeelands bos leefde een kleine rups genaamd Max op een tak met zijn beste vriend, Sam. Sam was ook een rups, maar ze hadden verschillende smaken: Sam hield van bladeren terwijl Max liever insecten at.

Op een dag begon Sam zich vreemd te gedragen en werd stijf. Max probeerde hem op te vrolijken, maar Sam sliep gewoon. Dagen gingen voorbij en de huid van Sam werd hard als een schaal. Max bleef aan zijn zijde, wachtend.

Uiteindelijk kwam Sam uit zijn schaal als een prachtige vlinder. Hij spreidde zijn vleugels en vloog weg, waardoor Max zich eenzaam voelde en niet kon volgen. Hij rende naar de top van het takje en vroeg zich af of ze ooit weer samen zouden spelen.

Terwijl Max huilde, riep een stem in het donker. Het was Sam, die was teruggekeerd. Hij legde uit dat Max een glimworm was, die helder scheen in de nacht. Andere glimwormen in de buurt wilden ook vrienden zijn!

Max maakte zich zorgen dat ze geen vrienden meer konden zijn, maar Sam stelde hem gerust dat vrienden altijd een manier vinden. Vanaf die dag speelden Max en Sam bij elke zonsopgang en zonsondergang verder met hun spelletjes, lachend samen zoals ze altijd hadden gedaan.

Zuhause

An einem heißen Tag im Mai konnte die junge Myna nicht draußen spielen. Ihre Mutter schlug vor, ihr beim Kochen zu helfen. Myna liebte die Farben der Küche und fragte, ob sie sich selbst füttern könne. Trotz des Chaos machte es ihr Spaß. Sie begann, einem kleinen Raben namens Kakai ihr heruntergefallenes Reis zu füttern, und sie wurden Freunde.

Als Myna sieben Jahre alt war, änderte sich ihre Stadt, und die Leute zogen an Orte wie England und Kanada. Myna und ihre Mutter zogen nach London. Myna vermisste Kakai, ihr Zuhause und die Sterne. Eines Tages fand sie einen tamilisch sprechenden Raben in London, der eine Geschichte über einen Raben und einen Hirsch teilte, die zeigte, dass Freunde einander nie im Stich lassen.

Myna machte neue Freunde und verbesserte ihr Englisch, aber sie vermisste immer noch Kakai. Ihr Vater schloss sich ihnen in London an und sagte, dass sie es zu ihrem Zuhause machen müssten. Eines Nachts entdeckte sie, dass der Rabe in London tatsächlich Kakai war. Er sagte ihr, dass Zuhause kein Ort sei, sondern ein Gefühl von Zugehörigkeit und Liebe. Sie erkannte, dass sie zwei Heimaten unter demselben Himmel hatte.

Thuis

Op een hete meidag kon de jonge Myna niet buiten spelen. Haar moeder stelde voor dat ze hielp met koken. Myna hield van de kleuren in de keuken en vroeg of ze zichzelf mocht voeden. Ondanks dat ze een rommeltje maakte, genoot ze ervan. Ze begon een kleine kraai genaamd Kakai haar gevallen rijst te voeren, en ze werden vrienden.

Toen Myna zeven was, veranderde haar stad, en mensen vertrokken naar plaatsen zoals Engeland en Canada. Myna en haar moeder verhuisden naar Londen. Myna miste Kakai, haar thuis, en de sterren. Op een dag vond ze een Tamil-sprekende kraai in Londen, die een verhaal deelde over een kraai en een hert die liet zien dat vrienden elkaar nooit in de steek laten.

Myna maakte nieuwe vrienden en verbeterde haar Engels, maar ze miste Kakai nog steeds. Haar vader kwam bij hen in Londen en zei dat ze er hun thuis van moesten maken. Op een nacht ontdekte ze dat de kraai in Londen eigenlijk Kakai was. Hij vertelde haar dat thuis geen plaats was, maar een gevoel van ergens bij horen en liefde. Ze besefte dat ze twee huizen had onder dezelfde hemel.

Das Schwert

Uther Pendragon beobachtete die Abfahrt der römischen Schiffe, seine Männer an seiner Seite. Sie feierten ihre neu gewonnene Freiheit und schworen, England zu schützen. Während Uther gegen Feinde kämpfte, machte er sich Sorgen um seinen Sohn Arthur und bat seinen besten Freund, ihn wie sein eigenes Kind aufzuziehen.

Abseits von Uther aufgewachsen, lernte Arthur, ein mutiger Krieger zu werden. Als Uther alterte und einen Nachfolger wählen musste, konsultierte er Merlin, seinen weisen Berater und Zauberer. Sie planten, das Schwert Excalibur zu verzaubern, sodass nur der rechtmäßige König es aus dem Amboss ziehen konnte.

Bei einem großen Turnier konnte kein Krieger das Schwert entfernen. Arthur hingegen zog es mühelos heraus, als er für seinen Freund Kay ein Schwert suchte. Merlin erklärte Arthur zum rechtmäßigen Erben und das Volk jubelte. Arthur wurde ein guter König und schützte sein Volk so wie sein Vater es getan hatte.

Het Zwaard

Uther Pendragon keek toe hoe de Romeinse schepen vertrokken, zijn mannen aan zijn zijde. Ze vierden hun nieuw verworven vrijheid en zwoeren Engeland te beschermen. Terwijl Uther vijanden bevocht, maakte hij zich zorgen om zijn zoon, Arthur, en vroeg zijn beste vriend om hem als zijn eigen zoon groot te brengen.

Opgroeiend ver van Uther, leerde Arthur een dappere krijger te worden. Toen Uther ouder werd en een opvolger moest kiezen, raadpleegde hij Merlin, zijn wijze raadgever en tovenaar. Ze bedachten een plan: Merlin zou het zwaard Excalibur betoveren zodat alleen de rechtmatige koning het uit een aambeeld kon verwijderen.

Tijdens een groot toernooi kon geen enkele krijger het zwaard verwijderen. Arthur echter trok het moeiteloos uit het aambeeld terwijl hij een zwaard zocht voor zijn vriend Kay. Merlin verklaarde Arthur de rechtmatige erfgenaam, en het volk juichte. Arthur werd een goede koning en beschermde zijn volk, net zoals zijn vader had gedaan.

Die Geschichte eines weisen alten Mannes

In einer bescheidenen Stadt lebte ein armer alter Mann, der ein wunderschönes weißes Pferd besaß. Jeder, der es sah, einschließlich benachbarter Könige, beneidete ihn und bot ihm Reichtümer für das Pferd an, aber der alte Mann lehnte ab.

"Für mich ist dieses Pferd ein Freund, nicht nur ein Tier. Wie kann ich einen Freund verkaufen?", sagte er.

Eines Tages verschwand das Pferd. Die Stadtbewohner verspotteten den alten Mann und behaupteten, er hätte das Pferd verkaufen sollen, bevor es gestohlen wurde. Der weise alte Mann antwortete: "Alles, was wir wissen, ist, dass das Pferd weg ist. Wir können nicht sagen, ob das gut oder schlecht ist."

Zwei Wochen später kehrte das Pferd mit einer Gruppe wilder Pferde zurück. Die Stadtbewohner änderten ihre Meinung und lobten das Glück des alten Mannes. Er erinnerte sie daran: "Wir können nicht vorhersagen, ob das gut oder schlecht ist. Das Leben kommt in Fragmenten."

Der Sohn des alten Mannes begann damit, die wilden Pferde zu zähmen, verletzte sich jedoch dabei am Bein und hinkte fortan. Die Stadtbewohner betrachteten es als Unglück, aber der alte Mann blieb neutral. Als Krieg ausbrach und alle jungen Männer eingezogen wurden, blieb der Sohn des alten Mannes aufgrund seiner Verletzung verschont.

Die Stadtbewohner trauerten um ihre Kinder, die in den Krieg zogen, und erkannten die Weisheit des alten Mannes an. Der alte Mann erinnerte sie daran: "Wir dürfen die Fragmentierung des Lebens nicht beurteilen. Das Beurteilen stoppt unser Wachstum."

Het Verhaal van de Wijze Oude Man

In een bescheiden dorpje woonde eens een arme oude man die een prachtig wit paard bezat. Iedereen die het zag, inclusief naburige koningen, benijdde hem. Ze boden rijkdommen aan voor het paard, maar de oude man weigerde.

"Voor mij is dit paard een vriend, niet zomaar een dier. Hoe kan ik een vriend verkopen?" zei hij.

Op een dag verdween het paard. De dorpsbewoners bespotten de oude man en beweerden dat hij het paard had moeten verkopen voordat het gestolen werd. De wijze oude man antwoordde: "Het enige wat we weten is dat het paard weg is. We kunnen niet zeggen of dit goed of slecht is."

Twee weken later keerde het paard terug met een groep wilde paarden. De dorpsbewoners veranderden van toon en prezen het geluk van de oude man. Hij herinnerde hen eraan: "We kunnen niet voorspellen of dit goed of slecht is. Het leven komt in fragmenten."

De zoon van de oude man begon de wilde paarden te temmen, maar verwondde zijn been, waardoor hij mank liep. De dorpsbewoners beschouwden het als een ongeluk, maar de oude man bleef neutraal. Toen er oorlog uitbrak en alle jonge mannen werden opgeroepen, werd de zoon van de oude man vanwege zijn blessure gespaard.

De dorpsbewoners treurden om het vertrek van hun kinderen en erkenden de wijsheid van de oude man. De oude man herinnerde hen eraan: "We moeten de fragmenten van het leven niet beoordelen. Oordelen belemmert onze groei."

Später!

Max war ein sorgloser Junge, der alles nach seiner eigenen Art tat. Er aß, spielte und schlief, wann er wollte. Wenn seine Mutter ihn bat, aufzuräumen oder zum Essen zu kommen, schrie er "Später!" und setzte seine Aktivitäten fort.

Eines Tages kam Max spät und müde nach dem Spielen mit seinen Freunden nach Hause. Seine Mutter bat ihn, das Durcheinander aufzuräumen, das er beim Naschen und Videospielen gemacht hatte. Verärgert schrie Max "Später!" und seine Mutter räumte für ihn auf.

Am nächsten Tag konfrontierte Max's Mutter ihn damit, dass er in der Schule betrogen hatte. Verärgert schrie Max "Später!" und stürmte in sein Zimmer. In dieser Nacht beschloss er, alles auf seine eigene Art und Weise zu tun, selbst wenn es bedeutete, zu betrügen.

Am folgenden Morgen fand Max sich allein im Haus wieder. Seine Mutter war nicht aufzufinden und auch seine Freunde waren verschwunden. Er zuckte mit den Schultern und ging weiter. Am nächsten Tag war Max immer noch allein und begann sich zu sorgen. Er suchte nach seiner Mutter und seinen Freunden, fand aber keine Spur von ihnen.

Max fühlte sich hoffnungslos und entschuldigte sich dafür, dass er alle weggezaubert hatte, und wünschte sich, dass alles wieder normal wäre. Am nächsten Morgen wachte er auf und fand seine Mutter zu Hause vor und alles war wieder normal. Als sie ihn bat, sich für die Schule bereit zu machen, wollte er fast sagen "Später!", hielt sich aber zurück und stimmte zu, es sofort zu tun.

Later!

Max was een zorgeloze jongen die alles op zijn manier deed. Hij at, speelde en sliep wanneer hij dat wilde. Toen zijn moeder hem vroeg op te ruimen of te komen eten, riep hij "straks!" en ging hij door met zijn bezigheden.

Op een dag kwam Max laat en moe thuis na het spelen met zijn vrienden. Zijn moeder vroeg hem de rommel op te ruimen die hij had gemaakt tijdens het snacken en gamen. Geïrriteerd riep Max "straks!" en zijn moeder ruimde voor hem op.

De volgende dag confronteerde Max's moeder hem met vals spelen op school. Boos schreeuwde Max "straks!" en stormde naar zijn kamer. Die avond besloot hij alles op zijn manier te doen, zelfs als dat betekende dat hij moest valsspelen.

De volgende ochtend bevond Max zich alleen in het huis. Zijn moeder was nergens te vinden, en zijn vrienden ook niet. Hij haalde zijn schouders op en ging verder met zijn dag. De volgende dag, nog steeds alleen, begon Max zich zorgen te maken. Hij zocht naar zijn moeder en vrienden, maar vond geen spoor van hen.

Hopeloos bood Max zijn excuses aan voor het wegjagen van iedereen en wenste dat alles weer normaal werd. De volgende ochtend werd hij wakker en vond zijn moeder thuis, en alles was weer zoals het was. Toen ze hem vroeg om zich klaar te maken voor school, wilde hij bijna "straks!" zeggen, maar hij bedacht zich en stemde ermee in om het meteen te doen.

Ein Vertrag mit dem Teufel

In York war ein Mann namens Edward von Magie und Alchemie fasziniert. Seine Studien führten ihn dazu, den Teufel zu beschwören, der ihm mächtige Magie anbot, im Austausch gegen Edwards Seele bei dessen Besuch in Rom. Edward stimmte zu, hatte jedoch heimlich keine Absicht, Rom zu besuchen.

Mit Hilfe des Teufels führte Edward magische Taten zum Wohl der Allgemeinheit aus, wurde berühmt und half sogar dem König. Der Teufel, der erwartet hatte, dass Edward seine Kräfte für das Böse nutzen würde, wurde ungeduldig, als Jahre vergingen, ohne dass Edward nach Rom ging.

Um Edwards Seele zu erlangen, entwickelte der Teufel einen Plan. Er verkleidete sich als Bauer und überredete Edward, ihm bei der Heilung seiner "kranken Mutter" in einer nahegelegenen Gaststätte namens Rom zu helfen. Beim Betreten offenbarte der Teufel die Täuschung und erklärte, dass die Bedingung des Vertrags erfüllt sei.

Vor Angst betete Edward intensiv und schwächte damit den Griff des Teufels. Im darauffolgenden Kampf fiel Edward versehentlich auf den Mond. Legende besagt, dass Edward dort oben bleibt und über sein Land und seine Menschen wacht.

Een Contract met de Duivel

In York woonde een man genaamd Edward, die gefascineerd was door magie en alchemie. Zijn studies brachten hem ertoe de Duivel op te roepen, die aanbood krachtige magie te bieden in ruil voor Edwards ziel als hij Rome zou bezoeken. Edward stemde toe, maar had stiekem geen enkele intentie om Rome te bezoeken.

Met de hulp van de Duivel verrichtte Edward magische daden voor het grotere goed, werd beroemd en hielp zelfs de koning. De Duivel, verwachtend dat Edward zijn krachten voor het kwaad zou gebruiken, werd ongeduldig toen jaren verstreken zonder dat Edward naar Rome ging.

Om Edwards ziel op te eisen, bedacht de Duivel een plan. Vermomd als boer overtuigde hij Edward om zijn "zieke moeder" te helpen genezen in een nabijgelegen herberg genaamd Rome. Bij binnenkomst onthulde de Duivel het bedrog en verklaarde dat aan de voorwaarde van het contract was voldaan.

Doodsbang bad Edward vurig, waardoor de greep van de Duivel op hem verzwakte. In de strijd die volgde, liet de Duivel per ongeluk Edward op de maan vallen. Volgens de legende bevindt Edward zich daar nog steeds, waakzaam over zijn land en zijn volk van bovenaf.

Eine Schöne Blüte

An einem dunklen, regnerischen Tag spazierte Sophie durch den Park in der Nähe ihres Hauses und träumte davon, England für einen aufregenderen Ort zu verlassen. Als sie sich den trostlosen Park ansah, bemerkte sie eine alte Dame namens Penelope, die zwischen den Bäumen hin und her ging und etwas verstecktes tat.

Neugierig näherte sich Sophie Penelope, die ihr eine atemberaubende Haarpracht aus Blumen zeigte. Penelope erklärte, dass sie ein traditionelles philippinisches Festival für die in Großbritannien ansässigen philippinischen Familien organisierte. Sie bat Sophie, ihr bei den Vorbereitungen zu helfen, da ihr Name, der "eine schöne Blüte" bedeutet, perfekt zu der Rolle passte.

Zusammen bereiteten sie das Festival vor, und bald kamen eine Gruppe bunt gekleideter Menschen an. Unter ihnen waren acht Frauen als Engel gekleidet, die jeweils etwas Schönes in der Welt repräsentierten. Das Festival war lebhaft, voller Singen und Tanzen, und Sophie fühlte sich Teil von etwas Besonderem.

Nachdem sie versprochen hatte, am nächsten Tag zurückzukehren, eilte Sophie nach Hause und teilte ihre Erfahrungen mit ihrer Mutter. Sie begann zu erkennen, dass England doch nicht so schlecht war, da es Heimat für Menschen aus der ganzen Welt war, die alle ihre einzigartigen Traditionen und Feiern mitbrachten.

Een Prachtige Bloem

Op een donkere, regenachtige dag wandelde Sophie door het park bij haar huis, dromend over het verlaten van Engeland voor een spannendere plek. Terwijl ze rondkeek in het sombere park, merkte ze een oude dame, Penelope, op die zich tussen de bomen bewoog en voor iets verborgens zorgde.

Nieuwsgierig benaderde Sophie Penelope, die een prachtige haardos van bloemen onthulde. Penelope legde uit dat ze een traditioneel Filipijns festival organiseerde voor de Filipijnse gezinnen die zich in het VK hadden gevestigd. Ze vroeg Sophie om haar te helpen met de voorbereidingen, aangezien haar naam, die "een prachtige bloei" betekent, haar perfect geschikt maakte voor de rol.

Samen bereiden ze zich voor op het festival, en al snel kwam er een groep kleurrijk geklede mensen aan. Onder hen waren acht vrouwen gekleed als engelen, elk iets moois in de wereld vertegenwoordigend. Het festival was levendig, vol zang en dans, en Sophie voelde zich deel van iets bijzonders.

Nadat ze beloofd had de volgende dag terug te komen, haastte Sophie zich naar huis en deelde haar ervaring met haar moeder. Ze begon in te zien dat Engeland toch niet zo erg was, omdat het mensen van over de hele wereld huisvestte, die elk hun unieke tradities en vieringen meebrachten.

Das Ende der Welt

Elijah war in unzähligen Geschichten der kluge Narr der Stadt. Eines Tages hatte er eine ausgewachsene Ziege und seine Nachbarn näherten sich ihm.

„Elijah, deine Ziege ist prall. Lass uns an den Flussufern gehen und ein Fest vorbereiten!"

„Ich bin mir nicht sicher", antwortete Elijah.

„Aber Elijah, weißt du nicht? Die Welt endet morgen!"

„Ach so? Na gut dann."

So brachten sie die Ziege an die Flussufer und Elijah schlachtete und bereitete sie zu. Während er arbeitete, beschlossen seine Freunde im Fluss zu schwimmen.

Nach einer Weile verbreitete sich der Duft des gekochten Fleisches durch die Luft. Die Freunde kamen aus dem Wasser.

„Elijah, das Essen riecht wunderbar, aber wo sind unsere Kleider?"

„Ich habe sie benutzt, um das Feuer anzufachen."

„Du hast unsere Kleider verbrannt, um die Ziege zu kochen!"

„Ja", sagte Elijah. „Warum sorgen? Die Welt endet morgen sowieso."

Het Einde van de Wereld

Elijah stond bekend als de wijze dwaas van het dorp in talloze verhalen in de hele regio. Op een dag had hij een volgroeide geit, en zijn buren kwamen naar hem toe.

"Elijah, je geit is mollig. Laten we naar de rivieroever gaan en een feestmaal bereiden!"

"Ik weet het niet zeker," antwoordde Elijah.

"Maar Elijah, weet je het dan niet? De wereld vergaat morgen!"

"Is dat zo? Nou, vooruit dan maar."

Dus ze namen de geit mee naar de rivieroever, en Elijah slachtte en bereidde het. Zijn vrienden besloten in de rivier te zwemmen terwijl hij aan het werk was.

Na een tijdje dreef de geur van het gekookte vlees door de lucht. De vrienden kwamen uit het water.

"Elijah, het eten ruikt geweldig, maar waar zijn onze kleren?"

"Ik heb ze gebruikt om het vuur aan te steken."

"Je hebt onze kleren verbrand om de geit te koken!"

"Ja," zei Elijah. "Waarom zou je je zorgen maken? De wereld vergaat morgen toch."

Eine Lange Schlaf

Es war einmal in einem fernen Königreich, in dem ein freundlicher König und eine Königin regierten. Ihnen fehlte nur ein Kind, um ihr Glück vollkommen zu machen. Im Frühling wurde ihr Wunsch erfüllt, als eine Tochter namens Lila geboren wurde. Das ganze Königreich feierte und bereitete sich auf die Taufe vor. Alle wichtigen Personen wurden eingeladen, darunter auch die guten Hexen.

Jedoch vergaßen sie, die böse Hexe Malvina einzuladen. Malvina wohnte in den Bergen und war dafür bekannt, die Bewohner der Stadt zu terrorisieren. Während der Taufe schenkten die guten Hexen Lila magische Gaben, wie Schönheit, Anmut und Freundlichkeit. Doch plötzlich erschien Malvina, wütend darüber, nicht eingeladen worden zu sein. Sie verfluchte Lila mit der Vorhersage, dass sie sich an einer Spindel stechen und für immer schlafen würde. Doch eine der guten Hexen milderte den Fluch und verwandelte den ewigen Schlaf in einen hundertjährigen Schlaf.

Um Lila zu schützen, verboten der König und die Königin alle scharfen Gegenstände im Königreich. Doch mit der Zeit geriet der Fluch in Vergessenheit. Eines Tages fand Lila einen versteckten Turm, in dem eine alte Frau Seide spann. Diese alte Frau war in Wirklichkeit Malvina in Verkleidung. Neugierig bat Lila darum, auch einmal zu spinnen, und stach sich dabei an der Spindel. Der Fluch wurde wahr, und Lila fiel in einen tiefen Schlaf, genauso wie alle im Schloss.

Jahre vergingen, und das Schloss wurde von dichtem Gestrüpp verborgen. Eines Tages hörte ein Prinz namens Damien von der schlafenden Prinzessin und wagte sich in den dichten Wald. Er fand das Schloss, stieg zum Turm hinauf und fand die schlafende Lila.

Beeindruckt von ihrer Schönheit, küsste er sie und brach so den Fluch. Das gesamte Schloss erwachte, und der König und die Königin waren Prinz Damien zutiefst dankbar. Lila und Damien verliebten sich ineinander, und alle lebten glücklich und zufrieden bis an ihr Lebensende.

Een Lange Slaap

Er was eens in een ver koninkrijk een vriendelijke koning en koningin die over het land heersten. Het enige wat hun geluk miste, was een kind. Op een lentedag kwam hun wens uit en werd een meisje genaamd Lila geboren. Het koninkrijk vierde feest en bereidde zich voor op haar doop. Elk voornaam persoon werd uitgenodigd, inclusief de goede heksen.

Ze vergaten echter de slechte heks, Malvina, uit te nodigen. Malvina woonde in de bergen en stond erom bekend de stedelingen te terroriseren. Tijdens de doop schonken de goede heksen Lila magische gaven, zoals schoonheid, gratie en vriendelijkheid. Plotseling verscheen Malvina, woedend over haar uitsluiting. Ze vervloekte Lila en zorgde ervoor dat ze haar vinger zou prikken en voor altijd zou slapen. Een goede heks verzachtte de vloek en veranderde het in een slaap van honderd jaar.

De koning en koningin verboden scherpe voorwerpen om Lila te beschermen. Naarmate de tijd verstreek, werd de vloek vergeten. Op een dag ontdekte Lila een verborgen toren waar een oude vrouw zijde spon. De vrouw was Malvina in vermomming. Lila vroeg of ze mocht proberen te spinnen en toen ze dat deed, prikte ze haar vinger. De vloek kwam uit en Lila viel in een diepe slaap. Het hele paleis sliep ook.

Jaren gingen voorbij en het paleis werd verborgen door overgroei. Op een dag hoorde een prins genaamd Damien verhalen over een slapende prinses en waagde zich in het bos. Hij ontdekte het paleis en klom naar de toren waar Lila sliep.

Overweldigd door haar schoonheid, kuste hij haar en verbrak de vloek. Het hele paleis ontwaakte en de koning en koningin bedankten prins Damien. Lila en Damien werden verliefd en iedereen leefde nog lang en gelukkig.

Gemeinsam wachsen

Tage nach meinem Kampf in der Schule nahm mich Opa mit in seinen Garten. Wir gingen schweigend, während ich einen großen Korb voller Werkzeuge, Essen und einem leeren Glas trug.

Opas Garten war im Vergleich zu den farbenfrohen Beeten um ihn herum ein lebloser Quadrat. Jean, der uns ständig aufzog, schlug vor, dass Opa einfachere Pflanzen anbauen solle. Doch Opa antwortete nur: "Einfachere Pflanzen... Was denn für welche?"

Wir ignorierten unseren Nachbarn und arbeiteten weiter im Garten. Wir lockerten den Boden und sammelten Schnecken. Im Laufe der Zeit fand ich Frieden in unserer täglichen Routine, trotz meiner Schwierigkeiten in der Schule.

Eines Tages entdeckten wir, dass über Nacht eine bemerkenswerte Pflanze gewachsen war. Opa nannte sie ein "Was". Sie war unglaublich lebendig mit federnartigen Blättern und riesigen Blättern, die an ihrem Stiel hingen. Es schien, als würde sie versuchen, davonzuschweben.

Opa band Seile um den Korb und den Stiel des Was. Er drängte mich in den Korb und schnitt den Stiel ab. Das Was hob uns in den Himmel. Wir flogen hoch über die Landschaft, die Flüsse und Felder, die sich weit und breit erstreckten.

Opa erklärte, dass Abstand zu Problemen Perspektive bringt. Mir wurde klar, dass meine Probleme in der Schule nicht unüberwindbar waren. Opa schlug vor, dass wir Schnecken auf die Kinder unten fallen lassen sollten, wie er es während des Krieges getan hatte.

Als ich fragte, wie wir wieder runterkommen würden, sagte Opa, dass wir eine Weile schweben würden und unseren Weg nach Hause finden würden. Ich umarmte ihn und war dankbar für seine Lektion und die Zeit, die wir zusammen verbracht hatten.

Samen Groeien

Enkele dagen na mijn gevecht op school nam opa me mee naar zijn tuin. Het was een stille wandeling, en ik droeg een grote mand gevuld met gereedschap, eten en een lege pot.

Opa's tuin was een levenloos vierkant in vergelijking met de kleurrijke percelen eromheen. Jean, de plagerige buurman, suggereerde dat opa makkelijkere gewassen zou kweken. Opa antwoordde: "Kweek wat?"

Onze buurman negerend, gingen opa en ik verder met het bewerken van de tuin, grond omspitten en naaktslakken verzamelen. Na verloop van tijd vond ik vrede in onze dagelijkse routine, ondanks mijn problemen op school.

Op een dag ontdekten we dat er 's nachts een opmerkelijke plant was gegroeid. Opa noemde het een "Wat." Het was ongelooflijk levendig, met varenachtige bladeren en enorme bladeren die aan de stengel hingen. Het leek te proberen weg te zweven.

Opa bond touwen rond de mand en de stengel van de Wat. Hij spoorde me aan om in de mand te gaan zitten en sneed de stengel door. De Wat tilde ons op in de lucht. We zweefden hoog boven het platteland, met rivieren en velden die zich ver uitstrekten.

Opa legde uit dat afstand van problemen perspectief biedt. Ik besefte dat mijn schoolproblemen niet onoverkomelijk waren. Opa stelde voor om naaktslakken op de kinderen beneden te laten vallen als grap, net zoals hij tijdens de oorlog deed.

Toen ik vroeg hoe we naar beneden zouden komen, zei opa dat we een tijdje zouden zweven en onze weg naar huis zouden vinden. Ik omhelsde hem, dankbaar voor zijn les en de tijd die we samen hadden doorgebracht.

Schuhe aus Glas

Ashley, auch Ash genannt, lebte mit ihrer Stiefmutter und Stiefschwestern, die feine Kleider trugen, während sie selbst nur Lumpen hatte. Sie war freundlich, im Gegensatz zu ihren egoistischen Stiefschwestern.

Eines Tages kam eine Einladung zu einem königlichen Ball. Ashs Stiefmutter verbot ihr, daran teilzunehmen. Traurig besuchte Ash ihre Fee, die ihre Kleider verwandelte, einen Kürbis in eine Kutsche verwandelte und ihr Schuhe aus Glas gab.

Auf dem Ball bewunderte der Prinz Ashs Freundlichkeit. Sie tanzten, bis Mitternacht nahte, was Ash dazu veranlasste, zu fliehen und einen Schuh aus Glas zurückzulassen. Der Prinz versuchte, den Schuh an jedem Mädchen auszuprobieren, bis er schließlich zu Ash passte.

Das Paar heiratete und alle genossen die Hochzeit, außer Ashs Stiefmutter und Stiefschwestern. Ash und der Prinz lebten glücklich bis ans Ende ihrer Tage.

Schoenen van Glas

Ashley, bijgenaamd As, woonde bij haar stiefmoeder en stiefzusters die fijne kleren droegen, terwijl zij lompen droeg. Ze was vriendelijk, in tegenstelling tot haar egoïstische stiefzusters.

Op een dag kwam er een uitnodiging aan voor een koninklijk bal. As' stiefmoeder verbood haar om naar het bal te gaan. Bedroefd werd As bezocht door haar feeën moeder, die haar kleren veranderde, een pompoen in een koets veranderde en haar schoenen van glas gaf.

Op het bal bewonderde de prins As' vriendelijkheid. Ze dansten tot het middernacht naderde, waardoor As vluchtte en een glazen schoen achterliet. De prins probeerde de schoen bij elk meisje aan en ontdekte uiteindelijk dat deze As paste.

Het stel trouwde, en iedereen genoot van de bruiloft, behalve As' stiefmoeder en stiefzusters. As en de prins leefden nog lang en gelukkig.

Ameise und Elefant

Talik ist ein Spiel, bei dem ein Team einen Token in der Hand eines Spielers unter einem Tuch versteckt und das andere Team erraten muss, wo er ist.

Ameise und Elefant waren gute Freunde und liebten es zusammen zu spielen. Elefants strenger Vater war jedoch dagegen, dass sie spielten, wenn Arbeit zu erledigen war oder wenn Elefant bei seinen eigenen Leuten sein sollte.

Elefant fürchtete sich vor dem Zorn seines Vaters, aber Ameise war mutig und hatte keine Angst vor dem grummeligen Elternteil.

Eines Tages, als sie Talik spielten, hörten sie Elefants wütenden Vater kommen. Die Erde bebte, und Bäume bewegten sich.

"Mein Vater kommt!" rief Elefant erschrocken aus. "Was soll ich tun?"

Ameise stand selbstbewusst da. "Keine Sorge, mein Freund, versteck dich hinter mir, und dein Vater wird dich nicht finden!"

Mier & Olifant

Talik is een spel waarbij het ene team een muntje verstopt in de hand van een speler onder een doek, en het andere team moet raden waar het is.

Mier en Olifant waren goede vrienden die graag samen speelden. Maar Olifants strenge vader keurde het af dat ze speelden als er werk te doen was of als Olifant bij zijn eigen soort moest zijn.

Olifant was bang voor de woede van zijn vader, maar Mier was dapper en niet bang voor de chagrijnige ouder.

Op een dag, tijdens het spelen van Talik, hoorden ze de boze vader van Olifant aankomen. De aarde trilde en bomen bewogen.

"Mijn vader komt eraan!" riep Olifant, doodsbang. "Wat moet ik doen?"

Mier stond vol zelfvertrouwen rechtop. "Maak je geen zorgen, mijn vriend, verstop je achter mij, en je vader zal je niet vinden!"

Eine neue Anfang

Die junge Leila verließ ihr Zuhause in Teheran, um bei ihren Cousins in London zu leben. Obwohl sie ihre Eltern nicht verlassen wollte, versicherte ihr ihre Mutter, dass sie ein großartiges neues Leben haben und in England neue Freunde finden würde.

Bei ihrer Ankunft fand Leila London anders als erwartet. Sie fühlte sich wie ein Außenseiter und unterschied sich stark von anderen Menschen. Das Wetter war schlecht, und die Leute starrten sie an.

In ihrer neuen Schule fühlte sich Leila allein und unwillkommen. Viele ihrer Klassenkameraden hatten hellere Haare und Augen und wollten keine Freundschaft mit ihr schließen. Aber eines Tages bot ihr ein Junge namens Tom seinen Milchshake an und freundete sich mit ihr an, obwohl er selbst ein Außenseiter war.

Leila und Tom hatten eine tolle Zeit beim Spielen und Geschichten teilen. Bald schlossen sich andere Kinder an und begannen, Leila über ihr Leben in Teheran zu fragen. Als sie alle lachten und voneinander lernten, erkannte Leila, dass Anderssein schön ist.

Mit neugewonnenem Selbstvertrauen umarmte Leila ihr Leben in London und freute sich darauf, ihre Eltern stolz zu machen, wenn sie sich ihr anschlossen.

Een Nieuw Begin

De jonge Leila verliet haar huis in Teheran om bij haar neven in Londen te gaan wonen. Hoewel ze niet weg wilde van haar ouders, verzekerde haar moeder haar dat ze een geweldig nieuw leven zou hebben en nieuwe vrienden zou maken in Engeland.

Bij aankomst bleek Londen anders dan Leila had verwacht. Ze voelde zich een buitenstaander en anders dan andere mensen. Het weer was slecht en mensen staarden naar haar.

Op haar nieuwe school voelde Leila zich alleen en onwelkom. Veel van haar klasgenoten hadden lichter haar en ogen en wilden geen vrienden met haar worden. Maar op een dag bood een jongen genaamd Tom haar zijn milkshake aan en raakte bevriend met haar, ondanks dat hij zelf ook een buitenbeentje was.

Leila en Tom hadden veel plezier samen tijdens het spelen en het delen van verhalen. Al snel sloten andere kinderen zich bij hen aan en begonnen ze Leila te vragen naar haar leven in Teheran. Terwijl ze allemaal lachten en van elkaar leerden, besefte Leila dat anders zijn prachtig is.

Met hernieuwd zelfvertrouwen omarmde Leila haar leven in Londen en keek ze ernaar uit om haar ouders trots te maken als zij zich bij haar zouden voegen.

Die Neugierige Leserin

Arjun hatte wenig Besitztümer: einige Kleider, abgenutzte Schuhe, Stifte und ein altes Buch. Im Jahr 2042 waren Bücher eine Rarität. Arjuns Familie war arm, deshalb hatte er nicht die Sachen wie seine Klassenkameraden, die ihn als seltsam empfanden.

Arjuns Buch war seine Flucht. Er benutzte es als Notizbuch, schrieb seine Gedanken und die Kontaktinformationen seiner Freunde auf. Das Buch war auf Bengalisch geschrieben, das er sprechen, aber nicht lesen konnte. Arjuns Familie war nach Überschwemmungen in Bangladesch nach Großbritannien gezogen, und er wuchs in einem bescheidenen Zuhause auf.

Eines Tages fiel das Internet aus und hinterließ Chaos. Die Menschen waren darauf angewiesen und jetzt funktionierte nichts mehr. Arjuns Buch wurde wertvoll, da es Namen, Adressen und Spielideen enthielt. Er und seine Freunde erkundeten eine staubige alte Bibliothek, in der sie lasen und spielten.

Arjun entdeckte eine englische Version seines Buches namens Matilda und lernte, Bengalisch zu lesen, indem er die beiden verglich. Als das Internet wiederhergestellt wurde, verließen alle die Bibliothek, außer Arjun. Er blieb zurück, begierig darauf, mehr Bücher und Geschichten zu entdecken.

De Nieuwsgierige Lezer

Arjun had weinig bezittingen: wat kleren, versleten schoenen, pennen en een oud boek. In 2042 waren boeken een zeldzaamheid. Arjuns familie was arm, dus hij had niet zulke spullen als zijn klasgenoten, die hem vreemd vonden.

Arjuns boek was zijn ontsnapping. Hij gebruikte het als een notitieboek, waarin hij zijn gedachten en contactgegevens van vrienden schreef. Het boek was geschreven in het Bengaals, een taal die hij kon spreken maar niet lezen. Arjuns familie was naar Groot-Brittannië verhuisd na overstromingen in Bangladesh, en hij groeide op in een bescheiden huis.

Op een dag crashte het internet, en iedereen raakte in paniek. Ze vertrouwden op het internet voor alles, en nu werkte niets meer. Arjuns boek werd waardevol omdat het namen, adressen en spelideeën bevatte. Hij en zijn vrienden verkenden een stoffige oude bibliotheek, waar ze lazen en speelden.

Arjun ontdekte een Engelse versie van zijn boek genaamd Matilda en leerde Bengaals lezen door de twee te vergelijken. Toen het internet hersteld was, verliet iedereen de bibliotheek behalve Arjun. Hij bleef enthousiast om meer boeken en verhalen te ontdekken.

Zwei unterschiedliche Brüder

In einer abgelegenen Stadt lebten zwei Brüder namens Ben und Jack. Jack war freundlich und arbeitete hart und leitete die Familienfarm, während Ben faul war und zwischen verschiedenen Jobs wechselte, bevor er die Tochter einer wohlhabenden Witwe heiratete.

Trotz Jacks harter Arbeit schlug das Unglück zu. Seine Ernte fiel aus, seine Frau wurde krank, und vier Kinder erkrankten an Gelbfieber. Verzweifelt bat er Ben um Geld, den dieser unter der Bedingung eines höheren Zinssatzes lieh. Jacks Situation verschlechterte sich, er verlor die Farm an Ben und zog mit seiner Familie in ein kleines Haus am Rande der Stadt. Sie lebten in Armut, während Ben reicher wurde.

Eines Tages besuchte Jack die Hochzeit von Bens Tochter und bat seinen Bruder um Hilfe. Ben warf ihm einen kaum fleischigen Knochen zu. Wütend warf Jack den Knochen versehentlich in den Fluss und fing dabei den Geist der Armut ein. Mit Armut verschwunden, verbesserte sich ihr Glück.

Als Jacks Glück sich besserte, wurde Ben eifersüchtig und forderte ihn auf, das Geheimnis zu enthüllen. Jack erzählte ihm die Geschichte, wie er den Geist der Armut eingefangen hatte. Ben fand den Knochen, um Jack Unglück zu bringen, und entließ dabei die Armut, die nun an ihm klebte. Bens Leben geriet in eine Abwärtsspirale, und er starb schließlich, was seine Familie von den Fesseln der Armut befreite.

Jack und seine Familie genossen ein langes und wohlhabendes Leben voller Liebe und Freude.

Twee Verschillende Broers

In een afgelegen stadje woonden twee broers genaamd Ben en Jack. Jack was vriendelijk en hardwerkend en beheerde de familieboerderij, terwijl Ben lui was en van baan naar baan ging voordat hij trouwde met de dochter van een rijke weduwe.

Ondanks Jacks harde werk, sloeg het ongeluk toe. Zijn gewassen mislukten, zijn vrouw werd ziek, en vier kinderen kregen gele koorts. Wanhopig vroeg hij Ben om geld, die het uitleende onder de voorwaarde om nog meer terug te betalen. Jacks situatie verslechterde, hij verloor de boerderij aan Ben en verhuisde zijn gezin naar een klein huis aan de rand van het stadje. Ze leefden in armoede terwijl Ben rijker werd.

Op een dag ging Jack naar de bruiloft van Bens dochter en vroeg zijn broer om hulp. Ben gooide hem een nauwelijks vlezig bot toe. Jack gooide het bot boos in de rivier en ving zonder het te weten de geest van Armoede erin. Met Armoede weg, verbeterden hun fortuinen.

Terwijl Jacks geluk verbeterde, werd Ben jaloers en eiste het geheim te weten. Jack onthulde het verhaal van het vangen van Armoede. Ben, in de hoop ongeluk te brengen bij Jack, vond het bot en bevrijdde Armoede, die zich nu aan hem vastklampte. Bens leven raakte in verval, en hij stierf uiteindelijk, waardoor zijn familie werd bevrijd van Armoedes greep.

Jack en zijn familie genoten van een lang en welvarend leven vol liefde en gelach.

Die weise alte Dame

In einem Königreich mit einer lieblichen Königin lebte eine weise alte Dame mit ihren vier streitsüchtigen Söhnen und ihren boshaften Frauen. Sie lebten zusammen, aber hatten aufgrund ständiger Streitereien getrennte Küchen. Die alte Dame sehnte sich danach, dass ihre Familie in Einheit und Glück leben würde, daher drohte sie, sie zu vertreiben, wenn sie sich nicht ändern würden. Sie bestand auch darauf, dass sie eine Küche teilen, in der Hoffnung, dass dies sie näher zusammenbringen würde.

Die Söhne gaben ihrer Mutter ihr tägliches Einkommen, da sie arm waren. Eines Tages fand der jüngste Sohn keine Arbeit und brachte eine tote Schlange mit nach Hause. Die Mutter warf sie auf ihr Dach. Inzwischen verlor die Königin ihre Diamantkette an einen Adler, der die Kette später für die Schlange auf dem Dach eintauschte. Die alte Dame entdeckte die Kette und wusste, dass die Königin sie zurückhaben wollte.

Mit dem bevorstehenden Diwali-Fest plante die alte Dame etwas. Sie gab die Kette der Königin zurück, die eine Belohnung anbot, aber die alte Dame bat nur darum, dass ihr Haus für Diwali beleuchtet wird. Die Königin stimmte zu, und in der Diwali-Nacht besuchte die Göttin des Reichtums das wunderschön beleuchtete Haus. Beeindruckt gewährte die Göttin der Familie ihren Wunsch, bei ihnen zu leben, aber nur, wenn sie vereint blieben.

Die Familie stimmte zu, und seitdem lebten sie harmonisch, und der Traum der alten Dame von einem friedlichen Familienleben wurde wahr, als die Göttin des Reichtums ihr Haus segnete.

De Wijze Oude Dame

Eens in een koninkrijk met een lieftallige koningin, woonde een wijze oude dame met haar vier ruziënde zonen en hun venijnige echtgenotes. Ze woonden samen maar hadden aparte keukens vanwege de voortdurende ruzies. De oude dame verlangde ernaar dat haar familie in eenheid en geluk zou leven, dus dreigde ze hen uit huis te zetten als ze niet veranderden. Ze stond erop dat ze een keuken zouden delen, in de hoop dat het hen dichter bij elkaar zou brengen.

De zonen gaven hun moeder dagelijks hun verdiensten, aangezien ze arm waren. Op een dag vond de jongste zoon geen werk en bracht hij een dode slang mee naar huis. De moeder gooide het op hun dak. Ondertussen verloor de koningin haar diamanten halsketting aan een adelaar, die later de ketting inwisselde voor de slang op het dak. De oude dame ontdekte de halsketting en wist dat de koningin die terug wilde.

Met het naderende Diwali-festival bedacht de oude dame een plan. Ze gaf de ketting terug aan de koningin, die een beloning aanbood, maar de oude dame vroeg alleen dat haar huis verlicht zou worden voor Diwali. De koningin stemde toe en op Diwali-avond bezocht de godin van de rijkdom het prachtig verlichte huis. Onder de indruk verleende de godin het verzoek van de familie om bij hen te wonen, maar alleen als ze verenigd bleven.

De familie ging akkoord en vanaf toen leefden ze harmonieus samen, en de droom van de oude dame van een vreedzaam gezinsleven kwam uit met de zegen van de godin van de rijkdom in hun huis.

Geschichte des Honigtropfens

Es war einmal ein Waldarbeiter und sein Hund, die in den kargen Hügeln eine Höhle entdeckten. In der Höhle fanden sie eine Nische, die mit exquisitem, transparentem Honig gefüllt war. Der Waldarbeiter füllte seine Flasche mit Honig und stieg die Hügel hinunter, wo er sich an einem fremden Ort befand.

In einer nahe gelegenen Stadt traf er auf einen Händler, der Öl verkaufte. Er bot seinen Honig an, vielleicht im Austausch gegen etwas Öl. Der Händler war interessiert. Als der Händler den Honig kostete, fiel ein einziger Tropfen auf den Boden.

Fliegen sammelten sich um den Honig und lockten Vögel an, die sich von ihnen ernährten. Eine Katze, die dem Händler gehörte, sprang auf einen Vogel und tötete ihn. Der Hund des Waldarbeiters tötete dann die Katze.

Außer sich vor Wut trat der Händler den Hund mit einem mächtigen Tritt tot. Der Waldarbeiter, zornig, erstach den Händler. Umstehende eilten herbei und töteten den Waldarbeiter.

Die Nachricht von seinem Tod erreichte seine Heimatstadt. Seine Stadt rächte sich und tötete viele in der fremden Stadt.

Der fremde König erklärte Krieg, und ein großer Konflikt entbrannte.

Jahre des Krieges und der Feindseligkeit zwischen den Ländern folgten, alles wegen eines Tropfens Honig.

Het Honingverhaal

Er was eens een verhaal dat werd gedeeld, en nu deel ik het met jou... het verhaal van de honingdruppel.

Een houthakker en zijn hond, hoog in de kale heuvels, ontdekten een grot. Binnenin vonden ze een nis vol met voortreffelijke, doorzichtige honing. De houthakker vulde zijn fles met honing en daalde de heuvels af, waarbij hij zich op een vreemde plaats bevond.

In een nabijgelegen stad ontmoette hij een koopman die olie verkocht. Hij bood zijn honing aan, misschien in ruil voor wat olie. De koopman was geïntrigeerd. Terwijl de koopman de honing proefde, viel er een enkele druppel op de grond.

Vliegen verzamelden zich rond de honing, wat vogels aantrok om van hen te eten. Een kat, eigendom van de koopman, sprong op een vogel en doodde deze. De hond van de houthakker doodde vervolgens de kat.

Woedend doodde de koopman de hond met een krachtige trap. De houthakker, razend, stak de koopman neer. Omstanders snelden toe en doodden de houthakker.

Het nieuws van zijn dood bereikte zijn geboorteland. Zijn stad nam wraak en doodde velen in de vreemde stad.

De buitenlandse koning verklaarde de oorlog, en een groot conflict ontstond.

Jaren van oorlog en vijandigheid tussen de landen volgden, allemaal door één druppel honing.

Der Wolf und die Reiherin

In einem Wald lebten ein Wolf und eine Reiherin zusammen. Eines Tages lud der Wolf die Reiherin zum Mittagessen ein. "Komm morgen um zwölf Uhr", sagte er.

Die Reiherin besuchte den Wolf am nächsten Tag erfreut. Der Wolf bereitete einen leckeren Eintopf zu und servierte ihn auf einem flachen Teller. Die Reiherin konnte aufgrund ihres langen Schnabels und des flachen Tellers nicht essen.

"Oh, wie schade!", sagte der Wolf und beendete den Eintopf selbst.

Die hungrige Reiherin, die dem Wolf eine Lektion erteilen wollte, lud ihn zu einem Mittagessen zu sich nach Hause ein. Sie bereitete eine leckere Suppe zu und servierte sie in einem langhalsigen Krug.

Der Wolf konnte die Suppe nicht trinken, während die Reiherin sie mühelos mit ihrem Schnabel schlürfte.

"Gleiches Recht für alle!", rief die Reiherin.

Besiegt ging der Wolf nach Hause, mit eingezogenem Schwanz.

De Wolf en de Reiger

In een bos leefden een wolf en een reiger samen. Op een dag nodigde de wolf de reiger uit voor de lunch. "Kom morgen om twaalf uur," zei hij.

De reiger, verheugd, bezocht de volgende dag het hol van de wolf. De wolf bereidde een smakelijke stoofpot, geserveerd op een plat bord. De reiger kon niet eten vanwege haar lange snavel en het platte bord.

"Ach, wat jammer!" zei de wolf en at de stoofpot zelf op.

De hongerige reiger, die de wolf een lesje wilde leren, nodigde hem uit voor de lunch bij haar thuis. Ze bereidde een lekkere soep, geserveerd in een langwerpige pot.

De wolf kon de soep niet drinken, terwijl de reiger het moeiteloos opslurpte met haar snavel.

"Eerlijk is eerlijk!" riep de reiger uit.

Verslagen ging de wolf naar huis, met zijn staart tussen zijn poten.

Das verzauberte Gans

Einmal lebte in einer kleinen Stadt ein junger Junge namens Lukas, der in der Werkstatt eines Schusters als Lehrling arbeitete und kaum über die Runden kam. Am Abend lauschte Lukas den Geschichten der Stadtbewohner in der örtlichen Taverne. Er träumte von Abenteuern und Reichtum. Eines Abends hörte er ein Gespräch über eine goldene Gans, die im Keller eines alten Schlosses versteckt war.

Neugierig und entschlossen, machte sich Lukas auf den Weg zum Schloss und fand den Eingang zum Keller. Es war dunkel und nass, aber er setzte seinen Weg fort. Nach Stunden der Suche entdeckte er einen Raum mit einem gewölbten Decke und einem blauen See, in dem die goldene Gans schwamm.

"Hallo, Lukas", sagte sie. "Da du mich gefunden hast, wirst du belohnt. Nimm diesen Beutel mit hundert Goldmünzen. Gib es alles heute aus, ohne es zu teilen, oder du wirst für immer arm sein."

Lukas nahm den Beutel freudig entgegen und verließ den Keller. Die Gänge waren jetzt heller und er erreichte schnell die Oberfläche. Aufgeregt kaufte er feine Kleidung, speiste in einem edlen Restaurant und kaufte ein prächtiges Pferd. Am Abend ging er ins Theater, aber seine Geldbörse blieb halb voll.

Als die Nacht hereinbrach, näherte sich ihm ein alter Bettler in zerschlissener Soldatenkleidung um Hilfe. Lukas zögerte, gab dem Bettler dann aber eine Handvoll Goldmünzen.

Plötzlich erschien ein helles Licht und die goldene Gans sprach: "Du hast meine Bedingungen nicht erfüllt! Du wirst für immer ein armer Schuster sein!"

Lukas lächelte den dankbaren alten Mann an. "Das ist in Ordnung", sagte er. "Wahrhaftiges Glück kommt vom Teilen, nicht vom Horten von Reichtum."

De Betoverde Gans

Er was eens een jongen genaamd Lukas die in een klein stadje woonde. Hij was leerling-schoenmaker en verdiende nauwelijks genoeg om rond te komen. 's Avonds luisterde Lukas naar de verhalen van de stadsbewoners in de plaatselijke herberg. Hij droomde van avontuur en rijkdom. Op een nacht ving hij een gesprek op over een gouden gans die verborgen zou zijn in de kelder van een oud kasteel.

Nieuwsgierig en vastberaden ging Lukas naar het kasteel en vond de ingang van de kelder. Het was er donker en vochtig, maar hij zette door. Na uren zoeken ontdekte hij een kamer met een gewelfd plafond en een blauw meer waar de gouden gans in zwom.

"Hallo, Lukas," zei de gans. "Omdat je mij gevonden hebt, zul je worden beloond. Neem deze buidel met honderd gouden munten. Geef ze allemaal vandaag uit zonder te delen, anders zul je voor altijd arm zijn."

Lukas nam gretig de buidel aan en vertrok. De gangen waren nu helderder, en hij bereikte snel de oppervlakte. Opgetogen kocht hij mooie kleren, at in een chique restaurant en kocht een prachtig paard. 's Avonds ging hij naar het theater, maar zijn buidel was nog halfvol.

Toen de nacht viel, benaderde een oude bedelaar in lompen soldatenkleren hem om hulp. Lukas aarzelde, maar gaf de bedelaar uiteindelijk een handvol gouden munten.

Plotseling verscheen er een helder licht, en de gouden gans sprak: "Je hebt mijn voorwaarden niet nageleefd! Je zult voor altijd een arme schoenmaker zijn!"

Lukas glimlachte naar de dankbare oude man. "Dat is prima," zei hij. "Echt geluk komt voort uit het delen, niet uit het oppotten van rijkdom."